Presentada a:

adamari vazquez

Con amor de:

Su Familia

Fecha:

11-23-10

«Con el deseo de celebrar a los niños de todo el mundo, a los artistas de este libro se les invitó a valerse de su propia herencia cultural singular y rica al ilustrar estos relatos bíblicos. Su arte es en verdad un reflejo maravilloso de cómo estamos hechos a la imagen de Dios».

–Desmond Tutu

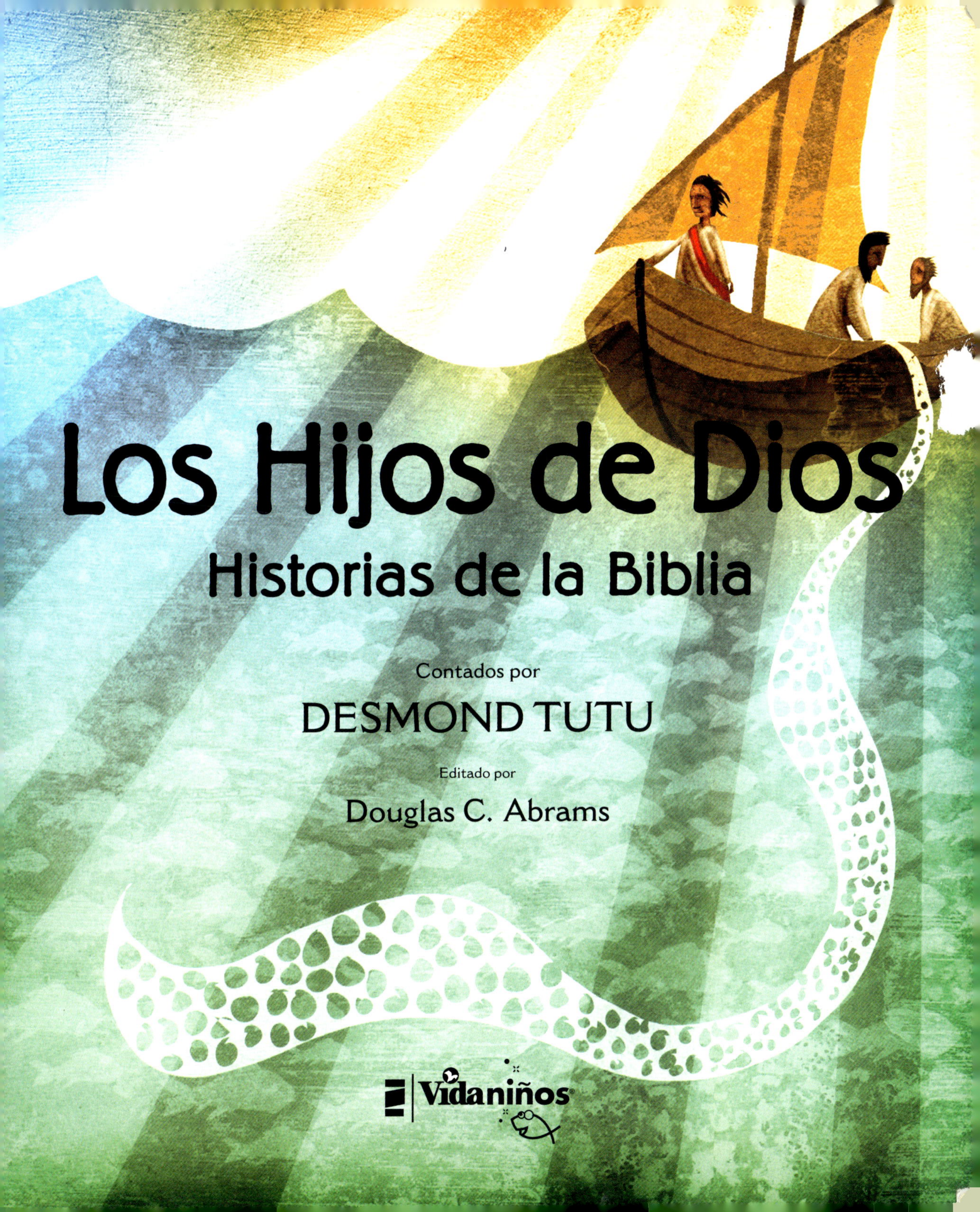

Los Hijos de Dios

Historias de la Biblia

Contados por
DESMOND TUTU

Editado por
Douglas C. Abrams

La misión de Editorial Vida es ser la compañía líder en comunicación cristiana que satisfaga las necesidades de las personas, con recursos cuyo contenido glorifique a Jesucristo y promueva principios bíblicos.

LOS HIJOS DE DIOS
Edición en español publicada por
Editorial Vida – 2010
Miami, Florida

Text Copyright © 2010 por Desmond M. Tutu
Illustrations © 2010 Lux Verbi.BM (Pty) Ltd

Traducción: *Miguel Mesías*
Edición: *Madeline Díaz*
Director de arte y diseñador: *Kris Nelson / Anna-Marie Petzer*
Ilustracion de la cubierta: *Laure Fournier*
Ilustraciones: *Lux Verbi. BM (Pty) Ltd.*

RESERVADOS TODOS LOS DERECHOS. A MENOS QUE SE INDIQUE LO CONTRARIO, EL TEXTO BÍBLICO SE TOMÓ DE LA SANTA BIBLIA NUEVA VERSIÓN INTERNACIONAL. © 1999 POR BÍBLICA INTERNACIONAL.

ISBN: 978-0-8297-5689-0

CATEGORÍA: JUVENIL NO FICCIÓN/ Historias Bíblicas

IMPRESO EN CHINA
PRINTED IN CHINA

10 11 12 13 14 ❖ 7 6 5 4 3 2 1

Querido hijo de Dios:

¿Sabes que Dios te ama?

La Biblia afirma que cada uno de nosotros, todo niño y toda niña, es una persona muy especial. Dios dice: «Antes de que tú nacieras, te conocí». Dios te hizo tal como eres, así que podrías ser tu propio don único y precioso para el mundo.
Dios nos hizo a cada uno de nosotros diferente, pero nos ama a todos por igual, ya que todos somos hijos de Dios. Y suceda lo que suceda, Dios nunca dejará de amarte.
     Dios también quiere llenar de amor nuestras vidas. Jesús dice que debemos amar a Dios, amar a otras personas, y amarnos a nosotros mismos. ¿Cómo hacemos esto?

Haciendo tres cosas importantes:
     Hacer lo CORRECTO,
          ser AMABLES LOS UNOS CON LOS OTROS,
               y ser AMIGOS DE DIOS.

Aprenderás estas enseñanzas y muchas más en los relatos bíblicos, los cuales hemos reunido aquí para ti y todos los hijos de Dios. Estas historias las ilustraron algunos de los artistas más dotados que hayamos visto. En verdad, este es un libro de historias de la Biblia que personas de muchos, muchos lugares, crearon para niños de todo el mundo justo como tú.
Espero que lo disfrutes.

Dios te bendiga,

Desmond Tutu

Contenido

	HISTORIAS		PÁGINAS
1	La creación	Génesis 1	8
2	Adán y Eva	Génesis 2	12
3	La salida del huerto	Génesis 3	14
4	El arca de Noé	Génesis 6-9	16
5	Abraham confía en Dios	Génesis 15, 17	18
6	Visitantes extraños	Génesis 18	20
7	Un sueño maravilloso	Génesis 25, 27-28	22
8	Venden a José como esclavo	Génesis 37	24
9	José da de comer y perdona	Génesis 41, 45	26
10	Moisés es rescatado	Éxodo 2	28
11	La voz desde la zarza que ardía	Éxodo 4	30
12	«Deja ir a mi pueblo»	Éxodo 7-15	32
13	Los Diez Mandamientos	Éxodo 20	36
14	La experiencia de Rut	Rut 1-4	38
15	Samuel en el templo	1 Samuel 3	40
16	Ungen al rey David	1 Samuel 16	42
17	David y Goliat	1 Samuel 17	44
18	El rey Salomón y la reina de Sabá	1 Reyes 2, 10	46
19	El viñedo de Nabot	1 Reyes 21	48
20	Ester salva a su pueblo	Ester 1-10	50
21	Isaías se convierte en mensajero de Dios	Isaías 1,6	52
22	Jeremías, el profeta niño	Jeremías 1, 18	54
23	Dios salva a Daniel	Daniel 6	56
24	Jonás y el gran pez	Jonás 1-4	58
25	Un ángel se le aparece a María	Lucas 1	60
26	Nace Jesús	Lucas 2	62
27	Los tres hombres sabios	Mateo 2	64
28	Jesús va a Jerusalén con sus padres	Lucas 2	66

29	Jesús es bautizado	Mateo 3 y Lucas 3	68
30	Jesús en el desierto	Mateo 4	70
31	Jesús convierte el agua en vino	Juan 2	72
32	Jesús va a pescar	Lucas 5	74
33	Jesús enseña el secreto de la felicidad	Lucas 6	76
34	Jesús bendice a los niños	Marcos 10	78
35	El buen vecino	Lucas 10	80
36	La ley del amor	Marcos 12	82
37	Los discípulos aprenden a orar	Lucas 11	84
38	La oveja perdida	Lucas 15	86
39	Jesús le da de comer a la multitud	Juan 6	88
40	Jesús el sanador	Lucas 5	90
41	Jesús restaura la vista y da vida	Marcos 5, 8	92
42	Zaqueo acepta a Jesús	Lucas 19	94
43	El padre cariñoso y el hijo que volvió a casa	Lucas 15	96
44	Jesús calma la tempestad	Lucas 8 y Mateo 8	98
45	Cómo participar en el plan de Dios	Mateo 25	100
46	Jesús es transformado en la cumbre de una montaña	Mateo 17	102
47	El amor de una mujer por Jesús	Juan 12	104
48	Jesús se hace siervo	Juan 13	106
49	Jesús comparte su última cena con sus amigos	Mateo 26	108
50	El juicio y la muerte de Jesús	Mateo 26-27	110
51	Jesús está vivo	Lucas 24 y Juan 20	112
52	Las buenas noticias	Hechos 1	114
53	La venida del Espíritu Santo	Hechos 2	116
54	Los discípulos esparcen las buenas noticias	Hechos 2-4	118
55	Pablo sigue a Jesús	Hechos 9	120
56	La promesa de una nueva tierra	Apocalipsis 21	122

Dios da Vida

La creación

Génesis 1

En el mismo principio el amor de Dios fluía cuando no había nada más: ni árboles, ni pájaros, ni animales, ni cielo, ni mar, solo oscuridad.

Por este amor, Dios dijo: «Que haya luz». Y hubo día. Y hubo noche. Y cuando el primer día apareció, Dios sonrió y supo que era bueno.

El segundo día, Dios dijo: «Que haya un cielo donde las nubes puedan flotar y el viento pueda soplar». Y el cielo fue azul brillante y hermoso.

El tercer día, Dios dijo: «Que las aguas se reúnan en océanos y aparezca la tierra seca». Ahora Dios decidió hacer el mundo incluso más deslumbrante, con árboles altos y hierba alta. Y entonces la primera flor se abrió en toda su gloria.

El cuarto día, Dios dijo: «Que el cielo se llene con el sol y la luna». Y Dios regó las estrellas por todo el cielo como diamantes que relucen.

El quinto día...

...Dios dijo: «Que el cielo se llene con el sol y la luna». Y Dios regó las estrellas por todo el cielo como diamantes que relucen.

El quinto día, Dios dijo: «Que haya pájaros que vuelen y canten, y peces que naden y chapoteen». Y el mundo se llenó con los alegres sonidos de los cantos de los pájaros.

El sexto día, Dios dijo: «Que haya animales: elefantes y jirafas, gatos y ratones, y abejas e insectos». Y de repente el mundo fue un lugar muy ruidoso.

Sin embargo, algo faltaba todavía. Entonces Dios dijo: «Voy a hacer gente, y los haré como yo para que puedan disfrutar de la tierra y cuidarla». E hizo exactamente como lo había dicho, y todo era bueno, muy bueno.

Dios miró todo lo que había hecho y aplaudió con deleite. «¡Es maravilloso!».

En el séptimo día, Dios se rió, y descansó, y disfrutó de su gloriosa creación.

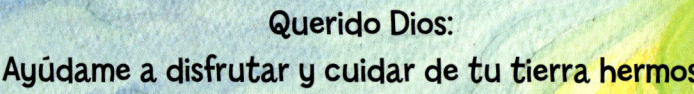

Querido Dios:
Ayúdame a disfrutar y cuidar de tu tierra hermosa.

Dios nos hizo para que nos amenos unos a otros

Adán y Eva

Génesis 2

Dios sopló el aliento de vida en la primera persona y la llamó Adán.
Puso a Adán en un hermoso huerto llamado Edén, donde había toda clase de frutas deliciosas para comer. Adán podía jugar todo el día y comer siempre que tuviera hambre. No obstante, Adán estaba solo.
Dios dijo: —Hijo mío, no es bueno que estés solo.
Así que Dios trajo a todos los pájaros y animales para que le hicieran compañía, pero Adán dijo: —No puedo hallar un amigo apropiado.

—Sí, tienes razón —señaló Dios, e hizo que Adán se quedara bien dormido.
Cuando se despertó, Adán vio que Dios había hecho a una mujer.
—¡Vaya! —exclamó Adán, abriendo la boca a más no poder—. Nunca había visto nada tan hermoso y maravilloso.
La llamó Eva, y ella sería la madre de todos los seres humanos.
Adán y Eva se rieron juntos y se quisieron y fueron felices en el huerto del Edén. Dios sonrió al ver la alegría de ellos. Les dijo que tuvieran hijos para que el amor y la felicidad pudieran esparcirse por toda la tierra.

Querido Dios:
Gracias por darnos los unos a los otros para que nos amemos.

Dios nos ama aun cuando hacemos el mal

La salida del huerto

Génesis 3

En el huerto del Edén había un árbol muy especial. Así que Dios le dijo a Adán:

—No debes comer del fruto de este árbol.

En el huerto también había una serpiente a la que le gustaba hacer trastadas. La serpiente le dijo a Eva: —Si comen del fruto de este árbol, serán como Dios. Lo sabrán todo.

La fruta parecía madura y jugosa, así que Eva tomó una y la probó. Luego se la dio a Adán, y él también comió. Mientras la masticaban, la fruta empezó a tener un sabor amargo, y sus sonrisas se convirtieron en muecas.

Esa tarde mientras Dios se paseaba por el huerto los llamó: —¡Adán! ¡Eva! ¿Dónde están? Sin embargo, Adán y Eva estaban escondidos. Tenían miedo porque habían desobedecido a Dios.

—¿Por qué se esconden de mí? —preguntó Dios—. ¿Han comido del fruto del árbol que está en el medio del huerto?

—Eva me hizo comerlo —contestó Adán.

—La serpiente me hizo comerlo —añadió Eva.

Dios dejó escapar un profundo suspiro de desilusión parecido al viento que sopla en los árboles por la noche. No solo lo habían desobedecido, sino que ni siquiera dijeron que lo lamentaban. Dios castigó a la serpiente, y Adán y Eva tuvieron que salir del glorioso huerto. Desde entonces necesitaron trabajar duro en los campos para conseguir su comida, pero Dios siguió amándolos y cuidándolos dondequiera que iban.

Querido Dios:
Ayúdame a hacer lo correcto y
recordar que tú me amas incluso cuando me porto mal.

Dios empieza de nuevo
El arca de Noé

Génesis 6-9

Antes de que pasara mucho tiempo, la gente empezó a pelear y a hacerse daño unos a otros de manera terrible. Dios lloró porque ellos no podían disfrutar de la encantadora tierra que había hecho. Finalmente, dijo: «Tengo que empezar de nuevo. Voy a enviar un diluvio para que cubra toda la tierra».

Sin embargo, un hombre llamado Noé era bondadoso y hacía lo bueno.

Dios le dijo a Noé que construyera un gran barco al que le llamó arca. Entonces Dios ordenó: —Reúne a toda tu familia, y a dos de cada especie de animal, pájaro e insecto. Dios envió la lluvia, y Noé llevó a todos al arca. Durante cuarenta días y cuarenta noches llovió tanto que el agua cubrió incluso las montañas más altas.

¡Vaya, sí que olía terrible dentro del arca! ¡Y el ruido! ¡El rugido y los balidos, los relinchos y los rebuznos! No obstante, de modo sorprendente, todos se llevaban bien. Sí, incluso el león se acostaba junto a la oveja.

Por fin la lluvia dejó de caer. Noé mandó a una paloma a buscar tierra. Cuando el ave volvió con una hoja de olivo, Noé y su familia se alegraron. Noé le agradeció a Dios por salvarlos.
Dios le dijo a Noé:
—Te prometo que no enviaré otro diluvio para que cubra toda la tierra.
Y Dios hizo un hermoso arco iris para que la gente nunca se olvidara de su promesa.

**Querido Dios:
Gracias por tus arco iris y por cumplir la promesa que nos hiciste.**

Dios promete una bendición maravillosa
Abraham confía en Dios

Génesis 15, 17

Abraham estaba triste porque él y su esposa, Sara, no tenían hijos. Dios le dijo que empacara todo y se marchara a una nueva tierra para empezar una vida nueva por completo. Abraham confió en Dios, así que él y Sara dejaron su casa y a su familia, y empezaron un viaje largo y difícil.

Anduvieron por desiertos, subiendo y bajando montañas, por pastos verdes y bosques oscuros, anhelando constantemente un hogar propio lleno de hijos felices. Anduvieron por tantos años que se volvieron demasiado viejos para tener hijos.

Una noche, Dios le dijo a Abraham:
—Voy a darte esta tierra a ti, y a tus hijos, y a los hijos de tus hijos.
—¡Dios, debes estar bromeando! ¡Sara y yo somos ya demasiado viejos para tener hijos! —exclamó Abraham, alisándose la larga barba blanca.
—Confía en mí, hijo mío —respondió Dios—. Mira a las estrellas del cielo. Tus hijos y los hijos de tus hijos serán tantos como esas estrellas.
Abraham pensó: ¿Cómo puede ser eso? Sin embargo, luego recordó que Dios siempre cumple sus promesas. Así que Abraham confió en Dios.
Entonces Dios sonrió y añadió: —Te bendeciré a ti y a tus hijos para que puedan ser una bendición para toda la gente del mundo.

Querido Dios:
Ayúdame a ser una bendición para otros.

La promesa de Dios de un hijo se cumple
Visitantes extraños

Génesis 18

En un día muy caluroso, Abraham estaba sentado a la puerta de su carpa. Tres extraños se aparecieron, por lo que Abraham se fue corriendo a recibirlos.

—Por favor, vengan y descansen —invitó—. Aquí tienen agua fresca para que se laven los pies. Voy a traerles comida para que coman.

Sara horneó pan con la mejor harina, y Abraham preparó un ternero para hacer una fiesta. Cuando la comida estuvo lista, él mismo les sirvió a los extraños.

Los visitantes se agradaron por la bondad y la generosidad de Abraham.

—Somos ángeles enviados por Dios —dijeron los visitantes—. Cuando volvamos, Sara tendrá un hijo.

Sara estaba escuchando desde la carpa y se rió bajito.

—Ya soy muy vieja para tener hijos.

—Nada es demasiado difícil o demasiado maravilloso para Dios —dijo el ángel.

Y tal como se lo prometieron, Sara dio a luz a un hijo. Ella exclamó:

—¡Dios me ha dado un hijo para traer risa a mi corazón!

Abraham y Sara le agradecieron a Dios y le pusieron a su hijo por nombre Isaac, que quiere decir «risa».

Querido Dios:
Ayúdame a confiar en tus promesas.

Dios le habla a Jacob

Un sueño maravilloso

Génesis 25, 27-28

Isaac creció sano y fuerte y tuvo dos hijos, Esaú y Jacob. Un día los hermanos pelearon y Jacob tuvo miedo de su hermano mayor. Así que se fue al desierto para esconderse. Cuando estaba oscuro, Jacob puso su cabeza sobre una piedra grande y lisa y trató de dormirse.

Por largo rato Jacob se quedó contemplando las estrellas distantes. Él se sentía muy lejos de su familia y muy solo. Finalmente, se quedó dormido con sueño intranquilo.

Soñó con una escalera que llegaba hasta el cielo, por donde los ángeles subían y bajaban. En el sueño, Dios estaba a su lado y le decía: «Les hice una promesa a tus antepasados, Abraham e Isaac, y cumpliré la promesa contigo. Yo estaré contigo, y te protegeré, y te guardaré seguro».

Jacob se despertó. Estaba asombrado por el sueño. «¡Dios está en este lugar y yo no lo sabía!», exclamó.

Así que tomó la piedra en la que se había apoyado, la levantó derecha, y derramó aceite sobre ella para bendecirla. Luego dijo: «Esta es la casa de Dios y puerta del cielo». Y le llamó a aquel lugar Betel, que quiere decir «casa de Dios», prometiendo recordar a Dios dondequiera que fuera.

Querido Dios:
Ayúdame a ver que todo el mundo es tu casa.

Dios tiene un plan para José
Venden a José como esclavo

Génesis 37

—¡El favorito de papá! —se burlaban los hermanos de José.

Jacob tuvo doce hijos, pero José en realidad era su favorito. Jacob incluso le hizo una ropa especial de muchos colores, la cual a José le gustaba mucho vestir.

Un día José les dijo a sus hermanos: —Anoche soñé que todos ustedes se inclinaban ante mí. Fue ahí cuando la envidia de sus hermanos se convirtió en odio.

En cierta ocasión Jacob fue a ver cómo estaban sus hermanos, que se hallaban pastoreando ovejas y cabras.

Cuando le vieron venir se dijeron entre sí: —Matemos a este soñador.

—No, es nuestro hermano —se negó Rubén, el hermano mayor.

Sin embargo, los otros lo agarraron, le quitaron su vestido, lo mojaron en sangre, y se lo llevaron a su padre, Jacob. —Un animal salvaje mató a tu hijo —le dijeron.

Jacob quedó con el corazón roto, rasgó sus vestidos y lloró por muchos días.

No obstante, en realidad no habían matado a José, sino que lo vendieron a unos extraños, los cuales lo llevaron como esclavo a una tierra distante llamada Egipto. José estaba asustado y no entendía por qué sucedía esto, pero Dios estaba con él y tenía un plan especial para su vida.

Querido Dios:
Ayúdame a querer a mis hermanos y hermanas.

Dios halla el bien en todo
José da de comer y perdona a sus hermanos

Génesis 41, 45

José temblaba ante el faraón, rey de Egipto.

—Anoche tuve un sueño extraño —le dijo el faraón—. Te mandé a llamar porque supe que tú entiendes el lenguaje de los sueños.

—No soy yo, sino Dios el que revelará el significado de sus sueños —le dijo José.

—Siete vacas gordas salían del río, seguidas de siete vacas flacas —explicó el faraón—. ¡Y las flacas se comieron a las gordas!

—Por siete años habrá abundancia —explicó José—, y luego por siete años no caerá ni una sola gota de lluvia, y no habrá comida para comer. Si almacena el grano ahora, habrá suficiente cuando venga la sequía.

El faraón vio que José era sabio y lo nombró gobernador de Egipto. Después de siete años, tal como José había dicho, hubo una terrible sequía.

Los hermanos de José vinieron para suplicar que les dieran algo de comida y se inclinaron ante el poderoso gobernador. Cuando se dieron cuenta de que era José, temblaron y temieron que los fuera a castigar. Sin embargo, el cariño de José por su familia era más fuerte que su enojo. José abrazó a sus hermanos y los besó.

Luego dijo:

—El daño que ustedes trataron de hacerme, Dios lo usó para bien. Dios nos ha utilizado para salvar al mundo del hambre. Traigan a nuestra familia a vivir en Egipto y estarán seguros

Querido Dios:
Haz que mi amor sea más fuerte que mi enojo.

Dios protege a sus hijos
Moisés es rescatado
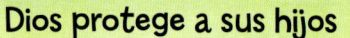
Éxodo 2

Miriam miraba a su mamá, la cual ponía a su hermanito en una canasta y la hacía flotar en el río. Miriam vigilaba nerviosamente por si venían los soldados.

Habían pasado muchos años desde que José y sus hermanos murieron. Ahora un perverso faraón gobernaba Egipto. Él obligó a los descendientes de José, llamados los hebreos, a que trabajaran como esclavos, y ordenó que mataran a todo varón hebreo que naciera.

La mamá de Miriam lloraba mientras empujaba la canasta por entre las cañas.

—Vigílalo —le pidió.

Ella calladamente siguió la canasta mientras flotaba río abajo. Su hermanito empezó a llorar. Miriam se quedó boquiabierta cuando vio que una de las hijas del faraón iba a bañarse al río. ¿Le entregaría ella al niño a los soldados?

La hija del faraón recogió al niño y lo arrulló con dulzura en sus brazos.

—Pobrecito. Debe ser uno de los hijos de los hebreos —comentó en voz baja—. Necesita una mamá.

Miriam salió de las hierbas y le dijo:
—Yo conozco a una mujer hebrea que puede amamantar al niño para ti.
La hija del faraón le devolvió el niño a su propia madre y le indicó:
—Cuando ya tenga edad, tráelo al palacio y lo criaré como a un príncipe. Le voy a poner por nombre Moisés, puesto que lo saqué del agua.

Querido Dios:
Gracias por amar y proteger a tus hijos.

Dios le da órdenes a Moisés
La voz desde la zarza que ardía
Éxodo 4

Cuando Moisés creció y se hizo hombre, cuidaba las ovejas y las cabras de su suegro en el desierto. Un día vio un matorral que ardía, pero para su sorpresa, las hojas seguían verdes. Su corazón casi se le salía del pecho al acercarse.

—¡Moisés! ¡Moisés! —lo llamó Dios desde el matorral.

Moisés tembló y se cubrió la cara con las manos.

—Aquí estoy —dijo.

—Quítate las sandalias. Estás en tierra santa.

Moisés lo hizo.

—Yo soy el Dios de tus antepasados. Le prometí a Abraham que cuidaría a su familia y les daría una tierra que fluye leche y miel. He oído los clamores de los hebreos. Ve ante el faraón y dile que deje ir a mi pueblo.

—¿Quién soy yo para que alguien me escuche? —preguntó Moisés.

—Moisés, quiero que seas mis labios, mis oídos, mis ojos y mis manos, de modo que pueda libertar a mis hijos.

—¿Quién voy a decir que me ha enviado?

—Diles que YO SOY EL QUE SOY y te ha enviado.

Moisés todavía temblaba, así que Dios le dijo:

—No tengas miedo, hijo mío, yo estaré contigo.

Querido Dios:
Dame el valor para hacer lo que me pides.

Dios está con nosotros

«Deja ir a mi pueblo»

—Deja ir a mi pueblo —le pidió Moisés al faraón.

Sin embargo, el faraón dijo que no.

Así que Dios mandó plagas para convencer al faraón de que dejara ir a los hebreos. Primero Dios convirtió el agua en sangre. Después envió ranas, piojos y moscas. Más tarde murió el ganado, y la gente y sus animales sufrieron de úlceras en la piel. Hubo truenos y granizo, y una gran nube de langostas llenó el cielo. La oscuridad cubrió la tierra por tres días. Luego de cada plaga, el faraón aceptaba dejar que los hebreos se fueran, pero después endurecía su corazón y decía que no.

Finalmente, Dios lloró porque tenía que mandar la plaga más terrible de todas.

—Marquen sus puertas con la sangre de un cordero —le ordenó Dios a Moisés que les dijera a las familias hebreas.

En una terrible noche, la muerte pasó por las calles, y en toda familia egipcia murió el hijo mayor. Los hebreos le llamaron a esa noche la Pascua, porque la muerte pasó por encima de las casas hebreas que estaban marcadas con sangre de cordero y dejó a sus hijos con vida.

—¡Váyanse! ¡Váyanse! —clamaba el faraón mientras cargaba en brazos el cuerpo de su hijo mayor. Los hebreos partieron con rapidez. No obstante, cuando el faraón vio que no había nadie que construyera sus pirámides…

...endureció su corazón de nuevo. Así que mandó a su ejército para que persiguiera a los hebreos y los trajera de regreso como esclavos.

Los hebreos salieron de Egipto y llegaron al borde del mar. Miraron hacia atrás y vieron a los caballos y carros del faraón que se acercaban. Estaban atrapados.

—¡Dios, ayúdanos! —gritaron.

—No tengan miedo. Dios está con nosotros —les dijo Moisés.

Dios le pidió a Moisés que extendiera su vara sobre el mar. Él hizo que las aguas retrocedieran con un fuerte viento, dejando un camino seco en medio. Los hebreos cruzaron por tierra seca, mientras las aguas formaban una muralla a su derecha y su izquierda.

Los carros de los egipcios los siguieron, pero sus ruedas se atascaron en el lodo. Los hebreos vieron asombrados cómo las aguas volvían a su sitio y se tragaban al ejército del faraón.

¡Por fin eran realmente libres!

Moisés dirigió al pueblo en un canto de alegría. Entonces su hermana, Miriam, tocó una pandereta, y las mujeres cantaron y danzaron para agradecerle a Dios por salvarlos.

Querido Dios:
Ayúdame a darles libertad a todos tus hijos.

Dios le dice a su pueblo cómo debe vivir

Los Diez Mandamientos

Éxodo 20

Moisés condujo a los hebreos por el desierto hasta el monte Sinaí. Fuego y humo brotaban de la montaña, y la tierra temblaba cuando Dios hablaba desde el trueno.

«Hijos míos. Yo los saqué de la esclavitud, y ahora voy a enseñarles cómo vivir en libertad. Todas las personas son mis hijos, pero los he escogido a ustedes para que sean una bendición para todos los pueblos del mundo».

Luego Dios les enseñó a los hebreos sus reglas para amarle y amarse los unos a los otros:

Pongan a Dios en primer lugar.

No adoren a otros dioses.

Respeten el nombre de Dios.

Aparten un día para descansar y orar.

Escuchen a su padre y su madre.

No le hagan daño a nadie.

Las madres y los padres deben amarse entre sí.

No tomen nada sin pedirlo.

Digan la verdad.

Sean agradecidos por lo que tienen.

Cuando el pueblo oyó la voz de Dios, prometió amarle y obedecer sus reglas para siempre. Moisés preparó dos tablas de piedra con los mandamientos que Dios le había dado, de modo que el pueblo no los olvidara. Después que los hebreos viajaron por el desierto durante muchos años, Dios los llevó a una tierra que fluía leche y miel, tal como lo había prometido. Era la tierra de Israel.

Querido Dios:
Ayúdame a amarte y hacer siempre lo correcto.

Dios recompensa el amor y la devoción

La experiencia de Rut

Rut 1-4

Un año no llovió. No había comida ni agua en todo Israel. Así que Noemí y su familia salieron de Belén y se fueron a vivir a un país llamado Moab. Estando allí, murió el esposo de Noemí. Con el tiempo sus hijos se casaron con mujeres moabitas. Una se llamaba Orfa y la otra Rut. Después de diez años de vivir en Moab, ambos hijos también murieron. Noemí quedó con el corazón roto.

—Voy a regresar a mi tierra y mi pueblo, y ustedes deben volver a la casa de su madre —le dijo a Orfa y Rut.

Orfa besó a Noemí y se despidió, pero Rut se quedó con ella. La quería como si fuera su madre.

—Dondequiera que tú vayas, yo iré —dijo Rut—. Tu pueblo será mi pueblo, y tu Dios será mi Dios. En donde tú mueras, moriré yo.

Así que Rut y Noemí se limpiaron las lágrimas y volvieron juntas a Belén.

Sin embargo, cuando llegaron, no había ningún familiar que pudiera cuidarlas. Un hombre bondadoso llamado Booz permitió que Rut recogiera grano en su campo aunque era extranjera. Cuando Booz oyó hablar de la bondad de Rut hacia Noemí, se enamoró de ella. Al poco tiempo, Rut y Booz se casaron. Ellos fueron antepasados de Jesús, que también nacería en Belén.

Querido Dios:
Permíteme amar a todas las personas, vengan de donde vengan.

Dios escoge a Samuel como su mensajero

Samuel en el templo

1 Samuel 3

Un niño llamado Samuel vivía con un sacerdote llamado Elí, el cual le enseñó a amar a Dios de todo corazón. No obstante, los hijos de Elí eran malos y no le prestaban atención a su padre ni a Dios. No respetaban lo que era santo y se llevaban lo que no era de ellos.

Una noche, mientras Samuel dormía, oyó una voz que lo llamaba: «¡Samuel! ¡Samuel!». Corrió a ver a Elí y le dijo:

—Aquí estoy.

—Yo no te llamé —contestó Elí—. Vuelve a la cama.

Samuel se acostó, pero de nuevo oyó que alguien lo llamaba. Corrió una vez más hacia Elí, pero él de nuevo le dijo que volviera a la cama.

«¡Samuel! ¡Samuel!», lo llamó la voz por tercera vez.

Esta vez Elí entendió que era Dios el que estaba llamando a Samuel.

—Si oyes la voz de nuevo, di: "Habla, que tu siervo oye".

«¡Samuel! ¡Samuel!», dijo la voz de nuevo.

—Habla, Señor, que tu siervo oye —respondió Samuel.

Al día siguiente, Elí le pidió a Samuel que le contara lo que Dios le había dicho. Samuel tenía miedo de decírselo, pero Elí insistió.

—Dios está enfadado porque tus hijos se portan mal y planea castigar a los malos.

Elí agachó la cabeza y declaró:

—Él es el Señor y hará lo que sabe que es correcto.

Querido Dios:
Ayúdame a oír cuando tú llamas.

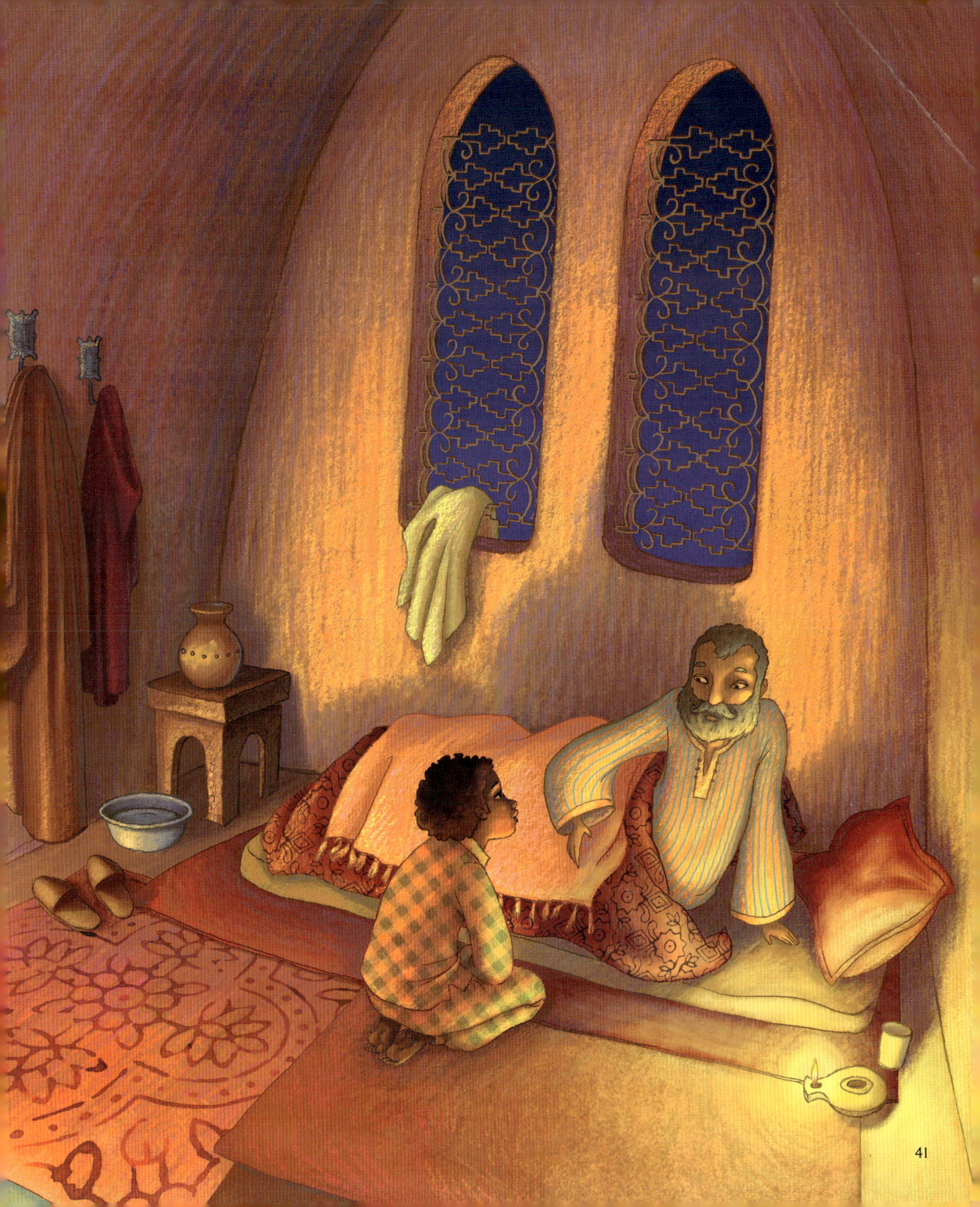

Dios elige a un rey para Israel
Ungen al rey David
1 Samuel 16

Cuando Samuel creció, llegó a ser sacerdote de Israel. Un día, Dios le dijo: —Ve a Belén y busca a un hombre llamado Isaí. He escogido a uno de sus hijos para que sea rey.

Isaí trajo a todos sus hijos ante Samuel, excepto a uno. Le indicó a David, el menor, que se quedara en el campo cuidando a las ovejas. Sabía que David era muy pequeño para que lo escogieran.

El hermano mayor de David pasó primero. Era alto y guapo.

—Seguro que es este —le dijo Samuel a Dios.

—Yo no juzgo como la gente juzga —le respondió Dios—. Yo miro al corazón, no al rostro.

Isaí trajo a siete hijos ante Samuel, pero ninguno de ellos era el que Dios había escogido.

—¿Tienes otros hijos? —preguntó Samuel.

—Solo el menor, David —respondió Isaí.

—Pídele que venga —dijo Samuel.

Cuando David vino, Samuel vio en sus ojos brillantes que tenía un corazón bueno.

—Este es —declaró Dios.

Samuel tomó aceite de olivas y lo derramó sobre la cabeza de David como señal de que al crecer sería rey de Israel. Desde ese día David estuvo lleno del Espíritu de Dios.

Querido Dios:
Ayúdame a tener un corazón bueno y bondadoso.

Dios ayuda a David a derrotar a un gigante
David y Goliat
1 Samuel 17

Los israelitas estaban en guerra contra los filisteos, cuyo líder era un gigante llamado Goliat.

—Manden a un hombre para que pelee conmigo —rugía—. ¡Si él pierde, los israelitas serán nuestros esclavos para siempre!

Los israelitas estaban aterrados. Nadie podía vencer a Goliat.

El padre de David lo había mandado para que les llevara comida a sus hermanos que estaban en el ejército, así que cuando David oyó el reto de Goliat, afirmó:

—Yo voy a pelear contra él.

Todos se rieron.

—Eres solo un muchacho y él es un gran guerrero —le dijo el rey Saúl.

—Soy solo un pastor —contestó David—, pero cuando un león se llevó a un cordero del rebaño de mi papá, yo lo perseguí y rescaté al cordero quitándoselo de las fauces.

Puesto que nadie más estaba dispuesto a pelear, Saúl le dio a David su espada y su escudo, pero eran demasiado pesados para él. Así que David tomó solo cinco piedras lisas del río y su confiable honda.

—¡Ven acá, muchacho! —gritó Goliat sacando su espada—. Te voy a partir por la mitad y a dejar tu cuerpo para los buitres.

—Tú vienes con tu espada —respondió David—, pero yo vengo con Dios a mi lado.

David puso una piedra en su honda, la hizo girar y la soltó. La piedra se estrelló en la frente de Goliat y el gigante cayó muerto. Todos los demás filisteos gritaron y salieron corriendo. Muchos años después, cuando David llegó a ser rey, el pueblo recordó su valentía al luchar contra el gigante.

Querido Dios:
Ayúdame a ser valiente.

Dios le da sabiduría a Salomón

El rey Salomón y la reina de Sabá

1 Reyes 2, 10

Después que David murió, su hijo Salomón llegó a ser rey, aunque todavía era muy joven. Una noche, Dios le dijo en un sueño:

—Pídeme lo que quieras, y yo te lo daré.

—Quiero ser sabio, saber distinguir entre el bien y el mal, para poder ser un buen rey.

Dios declaró:

—Debido a que no pediste ser rico o poderoso, sino poder cuidar a tu pueblo, te bendeciré tanto con gran sabiduría como con gran riqueza.

Salomón se hizo famoso por su sabiduría, y gente de todo el mundo venía para hacerle preguntas. En un reino muy distante, la poderosa reina de Sabá oyó hablar de Salomón y decidió probarle.

Le hizo muchas preguntas que nadie en su reino podía contestar. Después de cada pregunta, Salomón cerraba sus ojos por un momento y luego le daba la respuesta.

La reina de Sabá quedó asombrada.

—¿Qué te hace tan sabio?

—Toda la sabiduría viene de Dios —respondió Salomón.

—Alabado sea Dios —dijo ella—, porque le ha dado a tu pueblo un rey sabio y justo.

Querido Dios:
Ayúdame a ser sabio y tomar buenas decisiones.

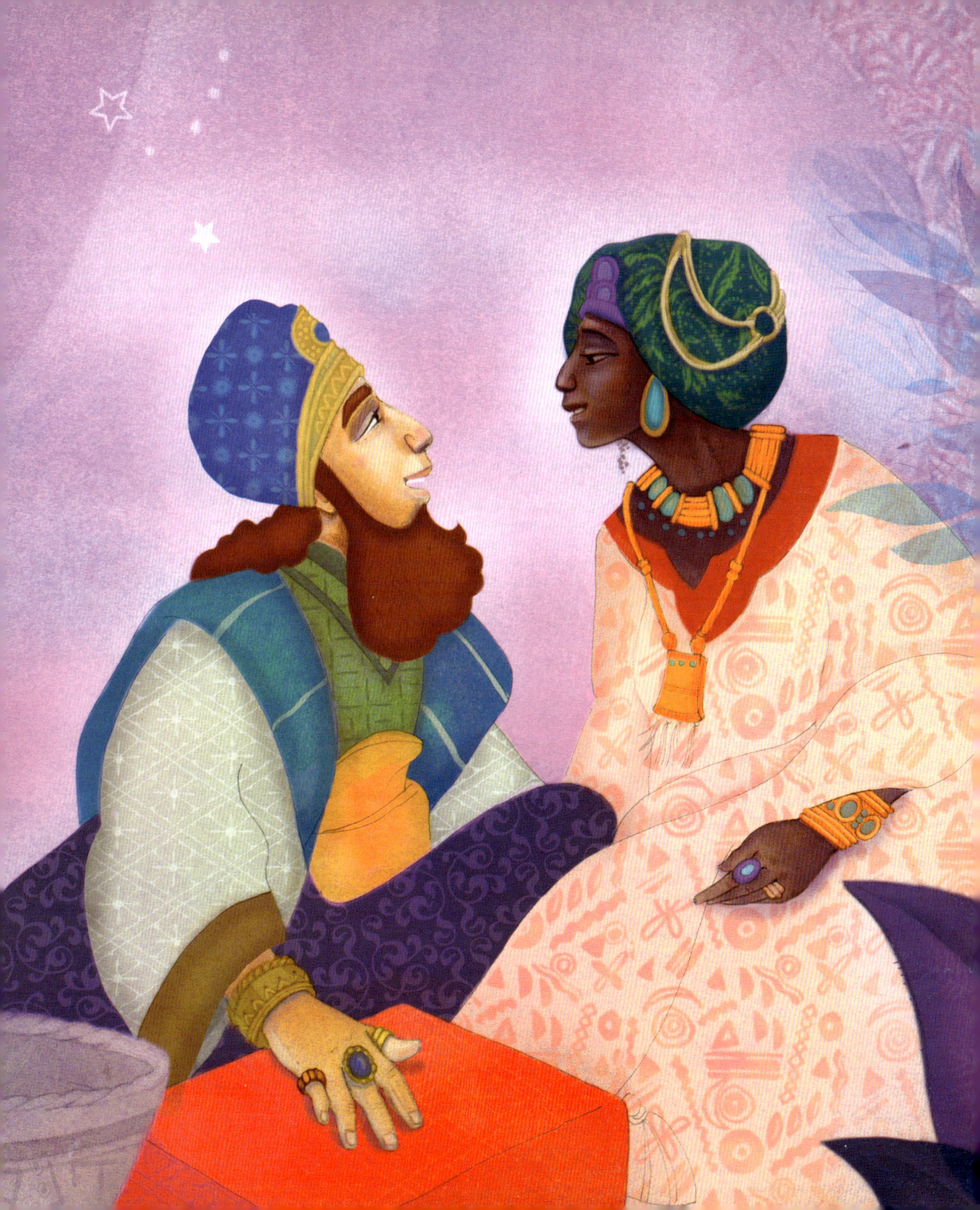

Dios se interesa por todos

El viñedo de Nabot

1 Reyes 21

Junto al palacio del rey Acab vivía un hombre llamado Nabot, el cual tenía apenas un pequeño viñedo.

—Dame tu tierra y te pagaré —dijo el rey.

—Esta tierra perteneció a mi padre y al padre de él —respondió Nabot—. Es contra la voluntad de Dios venderla.

El rey Acab se puso muy molesto. Se acostó en la cama y se enfurruñó. Su esposa, Jezabel, le preguntó qué andaba mal.

—Quiero ese viñedo —se quejó.

—Tú eres rey, ¿verdad? —dijo Jezabel—. Si lo quieres, yo te lo conseguiré.

De modo que escribió cartas ordenándoles a sus oficiales que buscaran a dos mentirosos para que acusaran a Nabot de decir cosas malas de Dios y el rey. Firmó las cartas con el sello real, y los oficiales hicieron según se les ordenó.

Ellos arrestaron al pobre Nabot y lo mataron.

Entonces Jezabel le dijo a Acab:

—Ya está muerto. Ve y aprópiate del viñedo. Es tuyo.

Sin embargo, Dios le habló al profeta Elías, que halló al rey Acab en el viñedo.

—Dios dice: «Tú mataste a Nabot y le robaste su viñedo. Yo cuido a los desvalidos y castigo la injusticia. Suplica perdón o te destruiré».

El rey Acab se lamentó de verdad por lo que había hecho. Suplicó perdón, y Dios le mostró misericordia.

Querido Dios:
Ayúdame a proteger a los desvalidos.

Dios utiliza a una joven para salvar a su pueblo

Ester salva a su pueblo

Ester 1-10

Después de muchos años, la tierra de Israel fue conquistada y a los judíos los llevaron a vivir a Persia. Había una jovencita que se llamaba Ester, a la cual el rey de Persia escogió para que fuera su esposa. Sin embargo, nadie, ni siquiera el rey, sabía que ella era judía, descendiente de los antiguos hebreos.

Amán, uno de los consejeros del rey, detestaba a los judíos y le dijo al rey que había que matarlos.

La reina Ester tenía un primo llamado Mardoqueo, el cual vino al palacio para contarle el plan de Amán.

—Por favor, suplícale al rey que no mate a nuestro pueblo —imploró.

Ester anduvo de aquí para allá, temblando de miedo.

—Si alguien va a ver al rey sin que lo haya llamado, lo matan.

—Dios te ha escogido, Ester. Tú eres nuestra única esperanza —le dijo Mardoqueo y luego se fue.

Ester oró pidiendo valor. Más tarde fue a ver al rey y le suplicó:

—Por favor, sálvame a mí y a mi pueblo.

—¿Y quién te quiere hacer daño?

—¡El perverso Amán! —exclamó ella, señalándolo.

El rey se enfureció y ordenó que colgaran a Amán en la misma horca que él había preparado para los judíos.

La valentía que tuvo Ester para ir a ver al rey salvó a los judíos, que se alegraron y celebraron con una fiesta para agradecerle a Dios por su protección.

Querido Dios:
Ayúdame a proteger a mi comunidad.

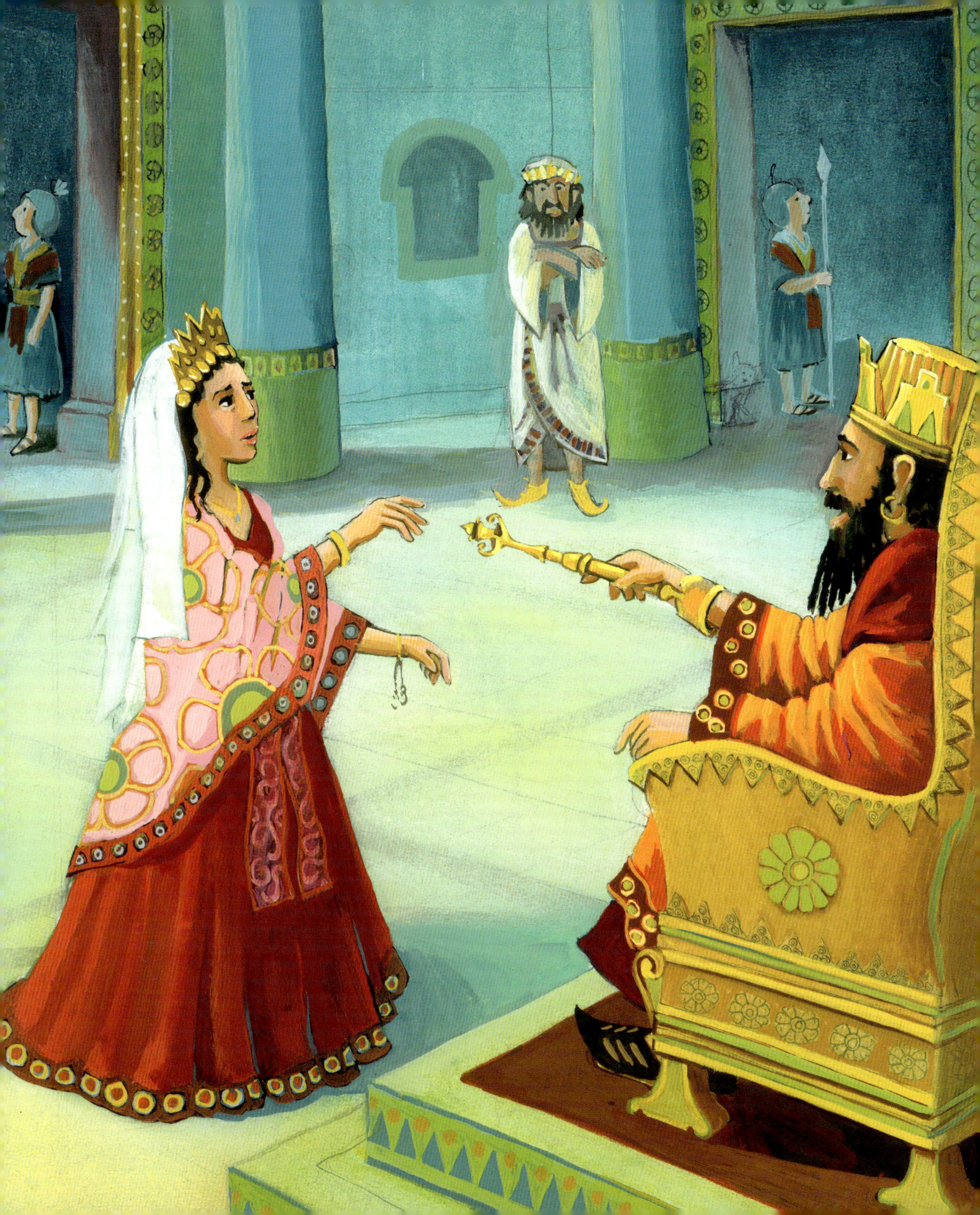

Dios escoge a Isaías para que consuele a su pueblo
Isaías se convierte en mensajero de Dios
Isaías 1, 6

Un día, mientras Isaías estaba orando en el templo, tuvo una visión de Dios sentado en un trono alto y rodeado de ángeles que cantaban: «¡Santo, santo, santo! ¡Dios es todopoderoso y santo! Toda la tierra está llena de su gloria».

Isaías pensó en cuán alejado había llegado a estar el pueblo de ser santo y cómo había dejado de confiar en Dios. Pensó en las maneras en que los ricos eran crueles con los pobres. Luego recordó todas las veces en que les había dicho cosas hirientes a otros.

De repente, Isaías tuvo miedo, ya que sabía que no era digno de estar en la presencia de Dios.

—¡Estoy perdido, pues mis labios están sucios! —exclamó.

Un ángel tocó los labios de Isaías con un carbón encendido.

—Quedas perdonado —le dijo el ángel.

Entonces Dios preguntó:

—¿A quién puedo enviar para que sea mi mensajero?

Isaías contestó:

—Aquí estoy, Señor. Envíame a mí.

Y Dios dijo:

—Dile a mi pueblo: Si quieren hablar conmigo, vengan, y yo los oiré. Borraré sus pecados y su corazón quedará blanco como la nieve. Si quieren ser mi pueblo, deben ser santos. ¿Cómo puede uno ser santo? Haciendo el bien, buscando lo justo, rescatando a los oprimidos, y cuidando a las viudas y a los huérfanos.

Querido Dios:
Ayúdame a ser tu mensajero de esperanza y amor.

Dios llama a un joven para que sea su profeta

Jeremías, el profeta niño

Jeremías 1, 18

Un día Dios le habló a Jeremías.

—Yo te he escogido para que seas mi profeta.

Jeremías tenía miedo.

—Soy apenas un muchacho —dijo—. No sabría qué decir.

—Yo te daré las palabras —indicó Dios, tocando los labios de Jeremías—. Te escogí incluso antes de que nacieras.

Dios le mostró a Jeremías una rama de almendro, que es el primer árbol que florece en la primavera. Jeremías sabía lo que Dios quería decir: ¡Él haría que el trabajo de Jeremías floreciera como el almendro!

Entonces Dios mandó a Jeremías a una alfarería. Jeremías vio cómo el alfarero formaba una vasija de barro sobre la rueda. No obstante, la vasija quedó mal, así que el alfarero tomó barro blando y le volvió a dar forma hasta que quedó completa y perfecta.

—Mis hijos son como barro en mis manos —afirmó Dios—. Si me lo permiten, yo los haré íntegros y perfectos.

Jeremías sirvió al Señor como profeta durante cuarenta años y trató de enseñarle a la gente cómo vivir y dejarse moldear por el amor de Dios.

Querido Dios:
Gracias por darle un propósito a la vida de todos, incluso a la mía.

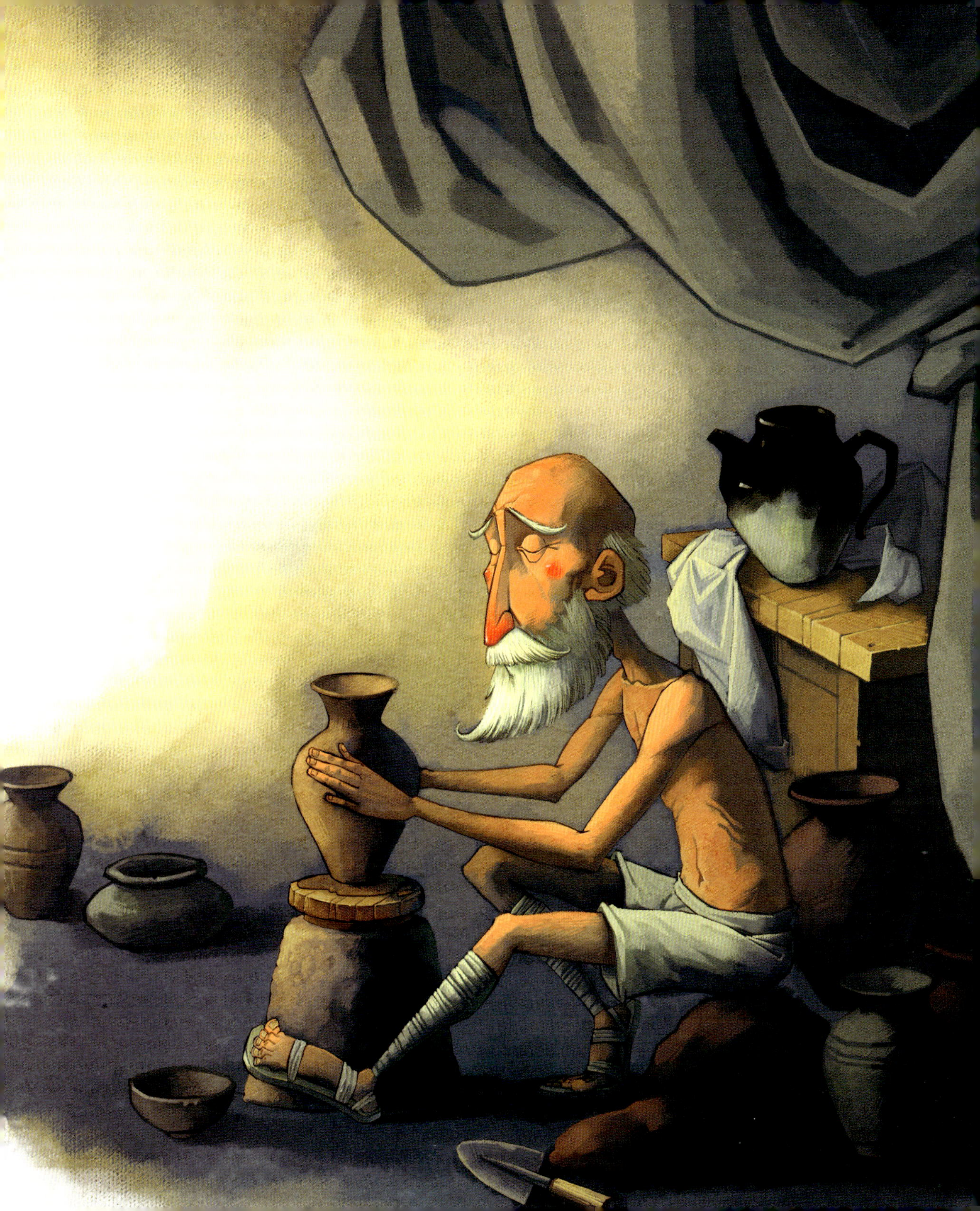

Dios siempre está con nosotros

Dios salva a Daniel

Daniel 6

Daniel vivía en exilio en el reino de Persia, pero amaba a Dios y oraba tres veces al día. Las oraciones de Daniel lo hicieron sabio, así que el rey confiaba en él y le pedía consejo. Esto hizo que los enemigos de Daniel le tuvieran envidia.

Ellos engañaron al rey para que dictara una ley que obligaba a todos a orar solo al rey, no a Dios.

Esa tarde, mientras Daniel oraba, sus enemigos lo espiaron. Luego corrieron a informarle al rey.

—Daniel ora a su Dios y no a ti —dijeron—. ¡Arréstalo!

El rey se puso muy triste, ya que quería a Daniel, pero tenía que obedecer su propia ley. Así que arrestaron a Daniel y lo echaron en una cueva llena de leones. Los leones andaban de un lado para el otro, gruñendo y rugiendo porque tenían hambre.

—Que tu Dios te salve —le dijo el rey mientras una lágrima rodaba por su rostro.

Daniel oró, y Dios cerró las bocas de los leones. Al amanecer, el rey corrió hasta la cueva.

—¡Daniel! ¡Daniel! —gritó—. ¿Estás vivo?

—Estoy vivo. Mi Dios me ha salvado —respondió Daniel.

El rey se asombró de que el Dios de Daniel lo hubiera guardado a salvo, y ordenó que todos en su reino adoraran a Dios.

Querido Dios:
Te pido que estés conmigo cuando corra peligro.

Dios ama a todos, incluso a nuestros enemigos

Jonás y el gran pez

Jonás 1-4

—Ve a Nínive —le dijo Dios a Jonás—. Dile a la gente que si no dejan su crueldad, destruiré la ciudad.

Jonás detestaba a los pobladores de Nínive, ya que eran enemigos de Israel. No quería que ellos fueran salvados, así que se embarcó en un barco que se dirigía a un país lejano. No obstante, Dios envió una tempestad. Olas gigantescas se estrellaron contra el barco y casi lo hundieron. Jonás sabía que era porque él estaba tratando de huir de Dios. Así que les dijo a los demás que lo echaran por la borda para que la tempestad se detuviera.

Jonás se hundió en el agua fría y oscura. Estaba a punto de ahogarse cuando Dios mandó a un pez enorme para que se lo tragara. Desde adentro del pez, Jonás le agradeció a Dios por salvarlo.

El pez vomitó a Jonás en la playa.

—Ve a Nínive —le ordenó Dios de nuevo.

Esta vez Jonás fue y el pueblo lo escuchó. Pidieron perdón, de modo que Dios no los destruyó.

Jonás se sentó debajo de una planta que le daba sombra y dijo:

—¡Dios, los ninivitas son nuestros enemigos! ¿Cómo puedes salvarlos?

—Son tus enemigos, pero también son mis hijos —respondió Dios.

Querido Dios:
Por favor, ayúdame a amar a mis enemigos.

Dios le hace una promesa a María

Un ángel se le aparece a María

Lucas 1

María era una joven que vivía en el pueblo de Nazaret. Ella estaba comprometida para casarse con José. Un día, el ángel Gabriel se le presentó y le dijo:

—La paz sea contigo, María. Dios te ha escogido para algo maravilloso.

María no podía creer lo que escuchaban sus oídos.

—¿A mí? ¿Dios me escogió a mí?

María temblaba por el miedo. ¿Qué podía querer decir el ángel?

—¡Debe ser un error! —dijo.

—No tengas miedo. Vas a tener un hijo —le explicó Gabriel—. Le pondrás por nombre Jesús.

—¡Debes estar bromeando! —exclamó María—. Ni siquiera me he casado todavía.

Gabriel sonrió.

—No te preocupes, María. Dios enviará a su Espíritu Santo para que esté contigo. Tu hijo será llamado Hijo de Dios. Todos lo mirarán con asombro. Él será Rey sobre todo el mundo por toda la eternidad.

María quedó asombrada. ¡Iba a traer al mundo al Hijo de Dios! Luego el ángel se fue, mientras María se llenaba de alegría y su corazón cantaba.

—¡Dios es bueno! Él se acuerda de los pobres y los que tienen hambre. Y no se ha olvidado de Abraham, Sara y sus descendientes. Ahora yo formo parte de su plan. Voy a ser la madre de Jesús.

Querido Dios:
Por favor, ayúdame a ser parte de tu plan para el mundo.

61

Dios cumple su promesa

Nace Jesús

Lucas 2

El emperador romano ordenó que todos los pobladores de Judea fueran a la ciudad en donde habían nacido sus padres para inscribirse en el censo. María, avanzada en su embarazo, viajó a Belén con su esposo, José. Cuando llegaron, todos los mesones estaban llenos. Finalmente, un hombre bondadoso les permitió que se quedaran en el establo con los animales.

Una vaca mugía y las ovejas balaban. De pronto, todos oyeron el llanto de un bebé recién nacido. ¡El niño Jesús había nacido! María lo colocó con suavidad en el pesebre sobre una cama de paja. Todos los animales se reunieron alrededor y trataron de olisquear al bebé con sus narices.

Fuera de la ciudad, había pastores que cuidaban a sus ovejas en los campos. De repente, el cielo se iluminó y apareció un ángel.

—No tengan miedo —dijo el ángel—. Les traigo las noticias más maravillosas. ¡El Hijo de Dios ha nacido en Belén! Él le dará gran paz y alegría al mundo. Ustedes lo hallarán durmiendo en un pesebre.

Pronto se aparecieron otros ángeles en el cielo de la noche que cantaban: «¡Gloria a Dios en las alturas!».

Los pastores hallaron a María, José y al niño Jesús en el establo. Entonces entonaron cantos de alabanza que llenaron la noche y le dieron gracias a Dios por el Salvador del mundo.

Querido Dios:
Gracias por tu Hijo, Jesús.

Dios protege a Jesús de un rey cruel
Los tres hombres sabios

Mateo 2

Muy lejos por el desierto, unos hombres sabios vieron que una nueva estrella brillaba en el cielo de la noche y supieron que era una señal de Dios que indicaba que un gran rey había nacido. Así que siguieron la estrella hasta Jerusalén.

—¿En dónde podemos hallar al rey recién nacido? —preguntaron.

El rey Herodes se asustó al oír que había un nuevo rey. ¿Me quitará mi trono?, se preguntó.

—Vuelvan a verme cuando hayan hallado al niño —les pidió a los sabios.

De modo que ellos continuaron su viaje, siguiendo la estrella hasta Belén, donde hallaron a Jesús en los brazos de su mamá. Los sabios se arrodillaron ante el Niño Rey y le ofrecieron regalos de oro, incienso y mirra.

Sin embargo, un ángel les advirtió que no le dijeran a Herodes acerca del niño, por lo que se fueron de Belén y volvieron a su tierra por otro camino.

Cuando Herodes supo que se habían ido sin decírselo, se enfureció.

—Maten a todos los niños de Belén —les gritó a sus soldados.

Dios envió a un ángel para que se le apareciera a José en un sueño.

—Herodes va a buscar a tu hijo para matarlo —le advirtió el ángel—. Toma a María y a Jesús, y cruza el desierto hacia Egipto. Quédate allí hasta que te diga que puedes volver.

Años más tarde, el ángel se le apareció otra vez a José en un sueño.

—Herodes ha muerto —anunció—. Ya puedes volver con María y tu hijo.

La familia empacó y cruzó una vez más el desierto para encontrar un nuevo hogar en Nazaret.

Querido Dios:
Protégenos cuando estamos en peligro.

Dios hace sabio a Jesús

Jesús va a Jerusalén con sus padres

Lucas 2

Un día, cuando Jesús tenía doce años, fue con su familia a Jerusalén para celebrar la Pascua. Él estaba tan entusiasmado que a cada momento les preguntaba a sus padres:

—¿Ya llegamos? ¡Tengo ganas de ver de nuevo el templo!

Cuando la fiesta se terminó, las familias del pueblo de Jesús emprendieron su viaje de regreso. Los niños corrían y jugaban por todas partes. María y José pensaban que Jesús estaba con sus amigos. Sin embargo, cuando lo buscaron, no lo hallaron por ninguna parte. María y José se preocuparon mucho.

—¡Debemos haberlo dejado en Jerusalén! —exclamó María.

Durante tres días buscaron a Jesús en las atestadas calles y mercados de la ciudad. Por último, fueron al templo… y allí se hallaba Jesús, sentado con los maestros, asombrándolos con su sabiduría y lo bien que entendía el amor de Dios.

María estaba enfadada.

—¡Te hemos buscado por todas partes!

—¿Por qué me buscaban? —respondió Jesús con gentileza—. ¿No sabían que debía estar en la casa de mi Padre?

Jesús se había dado cuenta de que Dios era su verdadero Padre.

Los ojos de María se abrieron de par en par. Ella nunca olvidó ese momento. Jesús creció hasta convertirse en un hombre fuerte y sabio.

**Querido Dios:
Ayúdame a hablar
con tu sabiduría.**

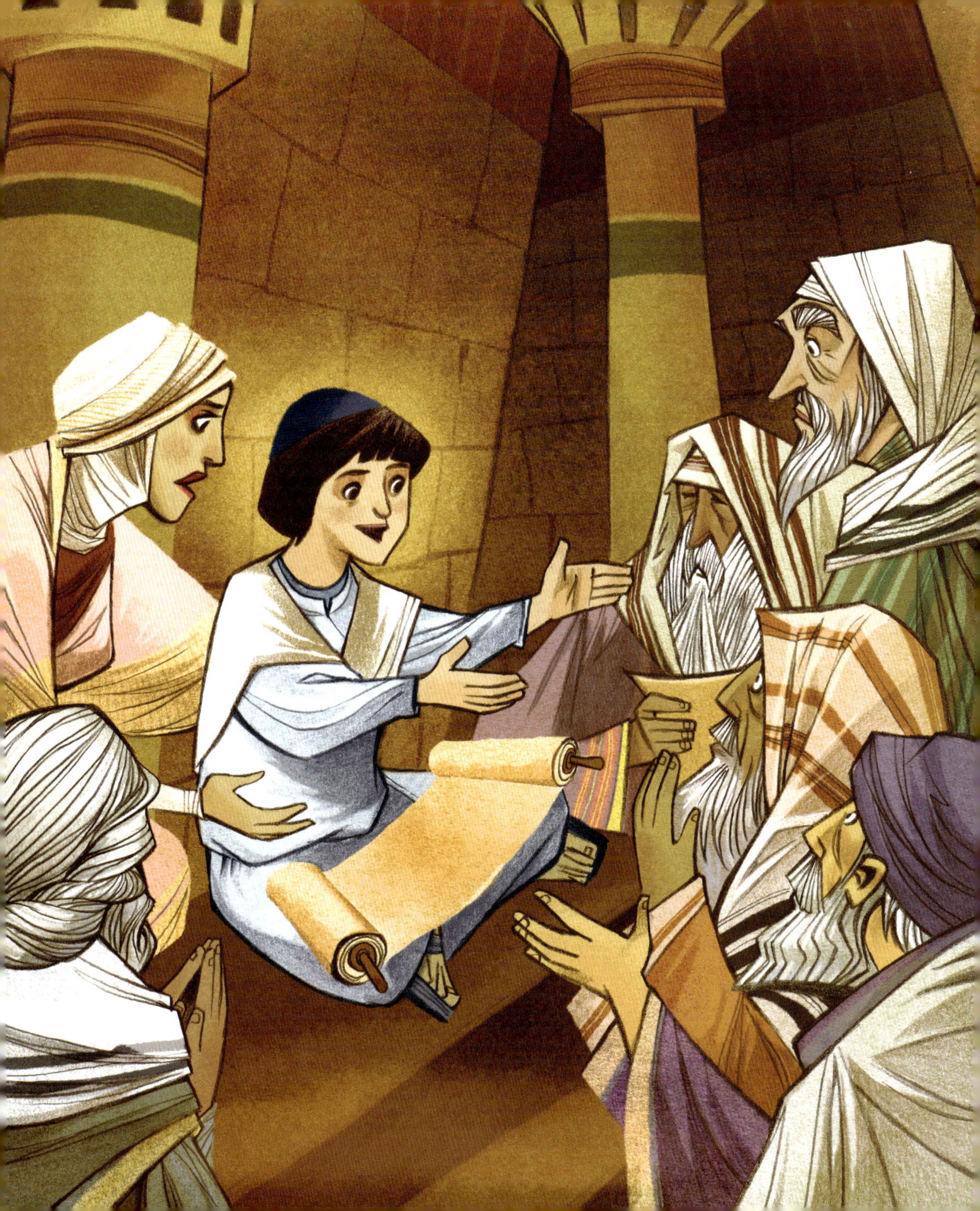

Dios bendice a Jesús
Jesús es bautizado
Mateo 3 y Lucas 3

Juan, el primo de Jesús, vestía ropas hechas de pelo de camello. Juan comía langostas y miel silvestre. Lo llamaba «el Bautista», porque era un hombre santo que llamaba a la gente al río para purificarse de sus maldades.

—Dios quiere que sus corazones sean limpios, así como sus cuerpos —les decía—. En lugar de ser crueles, sean bondadosos. En vez de ser egoístas, sean generosos.

—¿Pero, cómo? —preguntó la gente.

—Si tienen dos abrigos, regalen uno. Si tienen un pan, den la mitad.

Al llevarlos al río, Juan afirmaba:

—Yo los bautizo con agua, pero pronto vendrá otro que es mucho más grande que yo. Él los bautizará con el fuego del Espíritu Santo.

Jesús fue al río y le pidió que lo bautizara.

—No, Jesús. ¡Tú eres el que debe bautizarme! —dijo Juan.

Jesús insistió:

—Este es el plan de Dios.

Así que Juan llevó a Jesús al río y lo bautizó. Cuando Jesús salió del agua, vio que el cielo se abría y el Espíritu Santo extendió sus alas sobre él cómo una paloma.

Una voz desde el cielo exclamó: «Este es mi Hijo amado que me llena de alegría».

Querido Dios:
Dame un corazón limpio y puro.

69

Dios ayuda a Jesús a resistir la tentación
Jesús en el desierto

Mateo 4

Tan pronto como fue bautizado, Jesús se fue al desierto durante cuarenta días para estar solo con su Padre y orar. Entonces sintió mucha hambre y sed. El diablo vino a tentar a Jesús y le dijo:

—Si eres el Hijo de Dios, convierte estas piedras en pan.

Jesús respondió:

—Las Escrituras dicen: «La gente no puede vivir solo de pan. Las palabras de Dios son más importantes que la comida».

Luego el diablo lo llevó a la parte más alta del templo de Jerusalén.

—Si eres Hijo de Dios, arrójate del edificio. ¿No dicen las Escrituras: «Dios enviará ángeles para que te guarden»?

Jesús respondió:

—Las Escrituras también dicen: «No debes poner a prueba a Dios».

Por último el diablo lo llevó a la parte más alta de una montaña, desde donde se veían todos los reinos del mundo.

—Te daré poder sobre todo esto si te arrodillas y me adoras —dijo.

—¡Aléjate, Satanás! —le respondió Jesús—. La tierra le pertenece solo a Dios, y él es el único al que se debe adorar.

Cuando el diablo desapareció, los ángeles vinieron para atender a Jesús.

**Querido Dios:
Ayúdame a confiar en ti cuando soy tentado.**

Dios nos da gozo

Jesús convierte el agua en vino

Juan 2

Jesús y sus discípulos fueron a una boda en Caná de Galilea con su madre, María. Todos estaban divirtiéndose, pero María notó que el vino se había acabado. Temerosa de que la fiesta se arruinara, acudió a Jesús y le dijo en voz baja:

—Ya no tienen vino.

—Mamá, ¿por qué me dices eso? —respondió Jesús—. Todavía no estoy listo.

Sin embargo, Jesús estaba listo. María lo sabía en su corazón. Así que les indicó a los criados:

—Hagan lo que él les diga.

Jesús les mostró seis tinajas grandes de piedra y les pidió:

—Por favor, llénenlos con agua.

Los criados los llenaron hasta el borde.

—Ahora —pidió Jesús—, llenen una copa y llévensela al director del banquete para que lo pruebe.

Así lo hicieron.

El hombre lo probó, aunque no sabía de dónde había venido. Se relamió los labios y llamó al novio aparte.

—Este es el mejor vino que jamás he probado. ¿De dónde viene?

El novio no lo sabía, pero María sonrió, sabiendo que todo lo que Jesús hacía era santo.

Jesús había convertido el agua en vino. Ese fue su primer milagro.

Querido Dios:
Ayúdame a usar mis talentos para tu gloria y honor.

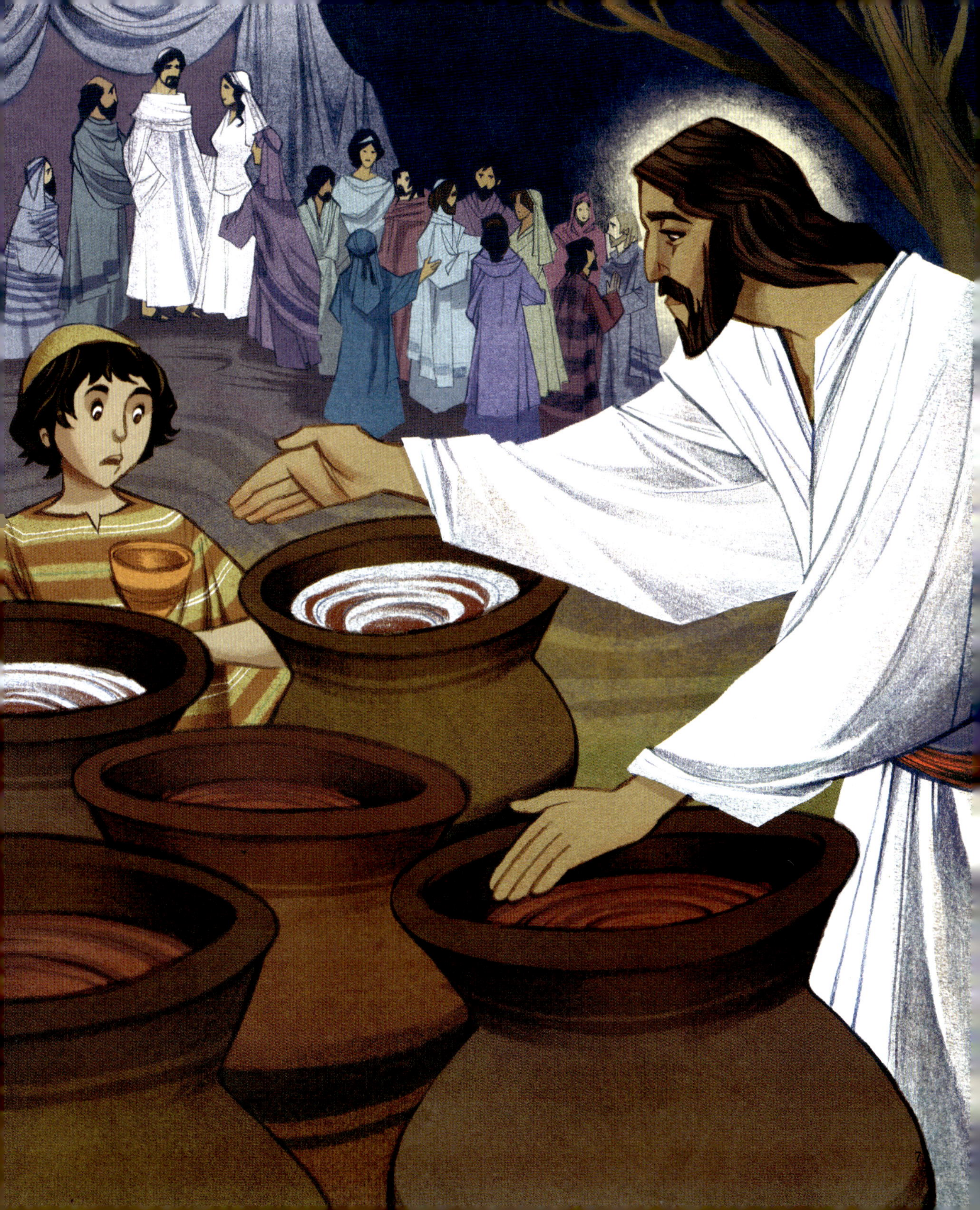

Dios convierte a pescadores en discípulos

Jesús va a pescar

Lucas 5

Una mañana soleada, Jesús estaba en la orilla del lago de Galilea, enseñándole a la gente cómo podían vivir con alegría en el corazón. Mientras hablaba, cada vez más personas se amontonaban alrededor para oír. Jesús tuvo que subirse a una barca que le pertenecía a Simón, el pescador.

Él se sentó y desde allí empezó a enseñarle a la gente que estaba reunida en la orilla. Cuando terminó de enseñar, Jesús anunció:

—Vamos a pescar.

—Maestro, hemos estado pescando toda la noche y no hemos conseguido nada —respondió Simón, lanzando un suspiro—. No obstante, si quieres que lo intentemos de nuevo, lo haremos.

De modo que llevó la barca al agua más profunda, y Simón y los otros pescadores echaron las redes al mar. Pronto habían atrapado tantos peces que las barcas casi se hundían.

Asombrado, Simón cayó de rodillas.

—Maestro —dijo—, no merezco estar cerca de ti.

—No tengas miedo —le contestó Jesús—. Sígueme y atraparás no solo peces, sino que pescarás personas para Dios.

Simón y los otros pescadores dejaron sus barcas en la playa y siguieron a Jesús. Ellos fueron los primeros discípulos.

Querido Dios:
Ayúdame a seguirte.

75

El sueño de Dios para sus hijos

Jesús enseña el secreto de la felicidad

Lucas 6

Un día, Jesús les explicó a sus seguidores cómo Dios soñaba con un mundo donde todos los hijos de Dios se amaran y recibieran cuidados, sin que nadie fuera dejado a un lado.

Benditos los pobres, porque todo el mundo les pertenece.
Benditos los que tienen hambre, porque Dios les dará de comer.
Benditos los que están tristes, porque Dios los consolará y ustedes reirán de nuevo.

Benditos los que dan de comer a los pobres, porque son las manos de Dios.
Benditos los que consuelan a los tristes, porque son los brazos de Dios.
Benditos los que trabajan por la paz, porque son la voz de Dios.
Benditos los que son bondadosos y amables, porque son el corazón de Dios.

Ustedes son la luz del mundo. ¡Brillen! Dejen que el mundo vea su bondad y así denle gloria al Padre celestial.

Si se enojan con su hermano o hermana, háblenle de corazón y hagan la paz. Perdonen y serán perdonados. Amen a sus enemigos y oren por ellos, porque ellos también son hijos de Dios. Háganles a otros lo que desean que ellos les hicieran a ustedes. Lo que ustedes den al mundo, el mundo también se los dará.

Querido Dios:
Gracias por mostrarnos el camino a la verdadera felicidad.

A Dios le encanta el corazón sincero de los niños

Jesús bendice a los niños

Marcos 10

Jesús pasaba muchas horas enseñándole a la gente acerca de Dios y cómo él nos ama a todos. Un día, cuando Jesús estaba cansado y descansando, algunos padres llegaron con sus hijos. Los niños reían, jugaban y corrían por todas partes haciendo bulla, mientras sus padres les preguntaban a los discípulos si podían ver a Jesús.

—¿Para qué quieren ver al Maestro? —preguntaron los discípulos.

—Queremos que bendiga a nuestros hijos.

—El Maestro está descansando —explicaron los discípulos—. No pueden molestarlo ahora. Váyanse.

Sin embargo, Jesús los oyó.

—¡No alejen a los niños! —dijo—. Déjenlos que vengan a mí. Dios ama a los niños, y cuando ellos sonríen, él sonríe; cuando ellos se ríen, él ríe; cuando ellos lloran, él llora.

Jesús recibió a los niños, y juntos rieron y jugaron por un tiempo. Él los tomó en sus brazos y los abrazó. Colocó sus manos sobre la cabeza de los niños y los bendijo. Luego les dijo a los discípulos:

—Todo el que quiera ver el reino de Dios convertido en realidad, debe verlo con los ojos de un niño.

Querido Dios:
Ayúdame a ver tu sueño.

Dios quiere convertir a nuestros enemigos en amigos

El buen vecino

Lucas 10

Todo lo que tienen que recordar es amar a Dios y al prójimo como se aman a ustedes mismos —dijo Jesús.

—Pero, ¿quién es mi prójimo? —preguntó un maestro.

Jesús le contó una historia para explicárselo.

«Un día mientras un judío andaba de viaje, le robaron y lo hirieron, dejándolo tirado junto al camino.

»Poco después pasó por allí un sacerdote, el cual fingió no haber visto al herido.

»Pronto pasó otro hombre. Este trabajaba en el templo, pero tampoco se detuvo.

»Por último pasó un samaritano por el lugar. Su pueblo era enemigo de los judíos. ¡Pero el samaritano se detuvo! Se bajó de su burro y vendó con bondad las heridas del hombre. Luego lo montó sobre su burro y lo llevó hasta el mesón más cercano. Lo acostó en la cama y lo cuidó.

—Ahora —preguntó Jesús— ¿cuál de estos fue un buen vecino?

—El samaritano —respondió el maestro.

—Así es —dijo Jesús—. Todos ustedes son parte de la misma familia, la familia de Dios. Dios quiere que sean como él, cariñosos y bondadosos con todos, incluso con sus enemigos.

Querido Dios:
Ayúdame a amar a mis enemigos y
verlos como mi familia.

81

Dios nos da el Gran Mandamiento

La ley del amor

Marcos 12

En ocasiones parece que hay demasiadas reglas. Muchas veces es difícil saber cuáles son más importantes. En los tiempos de Jesús, la gente discutía sobre cuál regla era la más importante para Dios.

Uno de los ancianos, encorvado por la edad y la sabiduría, oyó a Jesús enseñando a sus seguidores. Él pensó: ¡Vaya! Este hombre en realidad sabe de lo que habla. El anciano se inclinó sobre su bastón y se rascó sus canas.

—Tú pareces muy sabio. Dime, ¿cuál es la regla más importante de todas?

—Hay dos —respondió Jesús—. La primera es amar a Dios con todo tu corazón, con toda tu alma, con toda tu mente y con todas tus fuerzas. La segunda es amar a todos como te amas a ti mismo.

El anciano asintió.

—Tienes razón —dijo—. El más grande don que podemos ofrecerle a Dios es amarle a él y amar a sus hijos.

Querido Dios:
Lléname de amor.

Dios oye nuestras oraciones

Los discípulos aprenden a orar

Lucas 11

Jesús estaba orando debajo de una higuera. Cuando terminó, sus discípulos le dijeron:
—Jesús, queremos abrirle nuestro corazón a Dios como tú. Por favor, enséñanos a orar.
—Orar es fácil —señaló Jesús—. Dios quiere conocerlos y estar cerca de ustedes. Simplemente hablen con Dios como si fuera un amigo, y él los oirá. Dios escucha los susurros más suaves, e incluso cuando no pueden hallar palabras, Dios conoce lo que está en su corazón.
—Pero, ¿cómo empezamos? —preguntaron los discípulos.
—Puede empezar de esta manera —contestó Jesús.

«Padre amante celestial, bendito sea tu nombre.
Que tu sueño de amor y paz se haga realidad
y que todo el mundo sea hecho nuevo.
Danos cada día el pan que necesitamos para vivir.
Y ayúdanos a perdonar para poder ser perdonados».

Jesús continuó:
—¿Qué es lo que en verdad necesitan? Pidan y se les dará; busquen y hallarán; llamen y la puerta se les abrirá. Confíen en Dios para todo, porque ustedes son sus hijos.

Querido Dios:
Ayúdame a abrirte mi corazón.

Dios se interesa por todos

La oveja perdida

Lucas 15

Toda clase de personas se amontonaban para oír a Jesús. Algunos seguían los caminos de Dios, otros no. Jesús trataba a todos con amor y bondad. A algunos de los maestros no les gustaba esto, de modo que se quejaron. «¡Mírenlo, sentado y comiendo con esa gente! ¡Yo no lo haría jamás!».

Jesús oyó sus quejas, así que les contó un relato.

«Una vez había un pastor que tenía cien ovejas, incluyendo un carnero viejo y apestoso que siempre se metía en problemas. Un día el carnero viejo se descarrió. El pastor podía haber dicho: "¡Se lo merecía! No era sino una molestia". Sin embargo, no dijo eso. Dejando a las otras noventa y nueve ovejas que se portaban bien, la buscó toda la noche en medio del frío y la lluvia.

»Por fin, el pastor halló al viejo carnero en una zanja. Estaba todo enlodado. ¡Vaya que tenía mal olor! No obstante, al pastor eso no le importó. Colocó al carnero sobre sus hombros y lo llevó de regreso cantando. Luego llamó a sus amigos e hizo una fiesta. "¡He hallado a la oveja que se me perdió!", gritaba».

«Lo mismo ocurre en el cielo», explicó Jesús. «Los ángeles hacen fiesta cada vez que alguien que estaba perdido vuelve a Dios».

**Querido Dios:
Ayúdame a interesarme por todos.**

Dios provee lo suficiente para todos
Jesús le da de comer a la multitud

Juan 6

Miles de personas permanecieron sentadas todo el día bajo el sol candente, escuchando a Jesús hablar sobre el sueño de Dios. ¡Tenían tantas ganas de conocer a Dios que se olvidaron de almorzar!

Cuando el sol empezaba a ponerse, Felipe dijo:

—Maestro, ya es tarde y la gente tiene hambre. Debes mandarlos a sus casas.

—¿Por qué debemos mandarlos a sus casas? —preguntó Jesús—. Simplemente, denles de comer.

—¡¿Darles de comer?! —se asombró Felipe—. No tenemos comida.

—Alguien tiene algo que podría compartir —respondió Jesús.

Un niño se ofreció a dar cinco panes pequeños de cebada y dos pescaditos.
Felipe levantó sus brazos en el aire.

—¡Eso no basta para toda esta multitud!

—Díganle a la gente que se siente —pidió Jesús.

Entonces tomó el pan en sus manos, miró al cielo y lo bendijo. Hizo lo mismo con el pescado. Luego les dijo a los discípulos que repartieran la comida.

¡Ellos se quedaron asombrados! Hubo más que suficiente para todos. ¡Cuando todos terminaron de comer, los discípulos llenaron doce canastas con las sobras de la comida!

Con el amor de Dios, cinco panes y dos pescaditos dieron de comer a más de cinco mil personas.

Querido Dios:
Ayúdame a compartir de modo que haya suficiente para todos.

Dios sana a los enfermos

Jesús el sanador

Lucas 5

Un día, un hombre llegó corriendo a donde estaba Jesús y se arrodilló ante él. La gente lo señalaba con el dedo y le gritaba que se fuera, porque su piel estaba cubierta de llagas y tumores grandes y horribles. Tenían miedo de contagiarse con su enfermedad si lo tocaban.

—Señor, si quieres, por favor, sáname —suplicó.

Jesús extendió la mano y lo tocó:

—Sí, quiero.

La enfermedad del hombre desapareció.

En otra ocasión, había un hombre que no podía caminar, así que sus amigos lo llevaron en su camilla hasta donde estaba Jesús. Cuando llegaron a la casa en la que Jesús se encontraba enseñando, había tanta gente que no podían abrirse paso. Los ojos del paralítico se llenaron de lágrimas, sabiendo que nunca volvería a caminar.

—No se preocupen, simplemente llévenme a casa.

—No —dijo uno de sus amigos—. No vamos a darnos por vencidos.

Así que los amigos se subieron a la azotea de la casa, quitaron una parte del techado, y bajaron la camilla hasta que el paralítico estuvo justo frente a Jesús.

Jesús se sorprendió por la fe del hombre y sus amigos.

—Quedas sano. Levántate y anda.

El hombre se levantó, dio un paso, después otro, y se fue a casa danzando y alabando a Dios.

Querido Dios:
Ayúdame a cuidar a los enfermos.

Dios da luz y vida

Jesús restaura la vista y da vida

Marcos 5, 8

Un hombre ciego sentía que sus amigos lo empujaban por entre la ruidosa multitud. ¿Podrá Jesús en realidad sanarme?, se preguntaba. Por fin oyó que uno de sus amigos suplicaba:

—Maestro, te lo rogamos. Toca a nuestro amigo para que pueda ver de nuevo.

Entonces el ciego sintió que las manos de Jesús le tocaban suavemente los ojos.

—¿Puedes ver algo? —preguntó Jesús.

—Puedo ver a las personas, pero parece que fueran árboles moviéndose.

De modo que Jesús colocó sus manos de nuevo sobre los ojos del ciego. Esta vez el hombre miró hacia todos lados asombrado:

—¡Vaya! ¡Ahora puedo ver muy claro!

En otra ocasión, un hombre llamado Jairo corrió hacia Jesús con las lágrimas corriéndole por las mejillas.

—Por favor, Maestro, mi hija está muriéndose. Ven rápido.

Cuando llegaron a la casa de Jairo, la muchacha ya había muerto y todos estaban llorando.

—No lloren —dijo Jesús—. Solo está dormida.

Jesús llevó a Jairo y a la madre de la muchacha a la habitación donde ella estaba. Tomó a la niña de la mano y le ordenó:

—¡Hija de Dios, levántate!

¡De inmediato ella se sentó en la cama!

Entonces el estómago de la niña gruñó. Jesús sonrió y dijo:

—Denle de comer. Tiene hambre.

Querido Dios:
Gracias por sanarme cuando estoy enfermo.

Dios cambia los corazones
Zaqueo acepta a Jesús
Lucas 19

Zaqueo quería ver a Jesús, pero era muy bajito como para distinguirlo por encima de la gente. Así que se ponía de puntillas y saltaba. Trató de abrirse paso hasta el frente, pero nadie se lo permitió.

¿Por qué nadie me quiere?, se preguntaba. Sin embargo, él sabía la razón. Zaqueo era un recaudador de impuestos que se había enriquecido robándoles a sus compatriotas.

De pronto, Zaqueo vio un árbol. ¡Ajá!, pensó. Voy a treparme a ese árbol y tendré la mejor vista de todas.

Entonces Jesús se detuvo debajo del árbol y miró hacia arriba.

—Zaqueo —le dijo Jesús— bájate, porque voy a tu casa.

Zaqueo no podía creer lo que escuchaban sus oídos. Se bajó de inmediato y corrió hacia su hogar.

—El hombre es un mentiroso y un embaucador —comentaron sus compatriotas—. ¿Por qué va a ir Jesús a su casa?

Zaqueo se dio cuenta de que tenían razón y se avergonzó. Cuando Jesús entró en la casa Zaqueo, este dijo:

—Señor, voy a darle la mitad de todo lo que tengo a los pobres, y a todos los que he engañado les pagaré cuatro veces la cantidad que les robé.

Jesús sonrió:

—Querido Zaqueo —declaró—. Hoy te has convertido en un nuevo hombre. Ahora eres en verdad un hombre grande.

Querido Dios:
Ayúdame a ser honesto y justo.

Dios siempre nos recibe

El padre cariñoso y el hijo que volvió a casa

Lucas 15

Jesús nos contó un relato acerca del amor de Dios y el perdón.

«Un hombre tenía dos hijos. El menor le dijo al padre: "No quiero esperar hasta que te mueras. Dame mi herencia para que pueda hacer lo que se me antoje". El hijo mayor quedó aturdido, pero el padre hizo lo que se le pidió y el hijo menor se fue de casa.

»Muy pronto lo derrochó todo, y cuando el dinero se le acabó, nadie le daba nada para comer. Con el tiempo, consiguió un trabajo cuidando cerdos. Vivía con los cerdos, comía con los cerdos, dormía con los cerdos… ¡y hedía como un cerdo! Tenía tanta hambre que incluso las algarrobas que comían los puercos le parecían buenas.

»"¡Los criados de mi padre tienen abundancia y yo estoy muriéndome de hambre", se dijo. "Voy a regresar a casa y suplicarle a mi padre que me permita trabajar como criado en su hacienda".

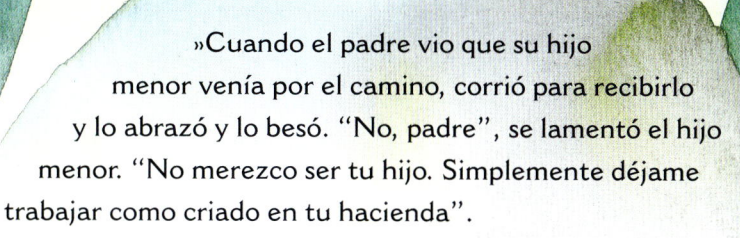

»Cuando el padre vio que su hijo menor venía por el camino, corrió para recibirlo y lo abrazó y lo besó. "No, padre", se lamentó el hijo menor. "No merezco ser tu hijo. Simplemente déjame trabajar como criado en tu hacienda".

»"Rápido", les ordenó su padre a los criados. "¡Preparen una fiesta!"

»Cuando el hermano mayor vino a casa y vio la celebración, se enfureció. "¿Tú hiciste una fiesta para este hijo tuyo bueno para nada?", le preguntó a su padre.

»"Ambos son mis hijos", contestó el padre, "y nunca he dejado de quererlos. Uno de mis hijos estaba perdido y ahora ha sido hallado"».

Querido Dios:
Gracias porque siempre perdonas
mis errores y me recibes con los brazos abiertos.

Dios está al mando

Jesús calma la tempestad

Lucas 8 y Mateo 8

—Vayamos al otro lado del lago —dijo Jesús un día, tratando de hallar un lugar tranquilo para descansar.

Él y sus discípulos se subieron a una barca y empezaron a navegar. La luz brillante del sol se reflejaba sobre el agua, y las olas suaves arrullaron a Jesús hasta que se quedó dormido.

No obstante, mientras dormía, el viento empezó a soplar y las olas a estrellarse sobre cubierta. El barco se estaba llenando de agua, por lo que los discípulos tuvieron miedo de que se fueran a hundir.

—¡Maestro, Maestro! —gritaron—. ¡Despiértate! ¡Nos hundimos!

Jesús se levantó y le habló con calma al viento:

—Cálmate, apacíguate.

Y a las olas les dijo:

—Tengan paz, tranquilícense.

De repente, el viento dejó de soplar, las olas dejaron de rugir, y todo quedó en paz de nuevo.

Jesús se volvió a sus amigos:

—¿Por qué tienen miedo? ¿No confían en que Dios va a protegerlos?

Los discípulos se quedaron mirándose unos a otros boquiabiertos por la sorpresa.

—¿Quién es este hombre? —se preguntaban en voz baja—. Incluso el viento y las olas le obedecen.

Querido Dios:
Ayúdame a confiar en ti cuando tengo miedo.

Dios nos utiliza como sus manos y pies

Cómo participar en el plan de Dios

Mateo 25

Jesús señaló: «En su tiempo, Dios reunirá a todas las personas y hará separación entre ellas como el pastor separa a las ovejas de las cabras.

»A los que han ayudado a que el sueño de Dios se convierta en realidad, les dirá: "Ustedes son bendecidos, porque yo tenía hambre y me dieron de comer; tenía sed y me dieron agua; fui un extraño y me recibieron; estuve desnudo y me dieron ropa; estuve enfermo y me cuidaron; estuve en la cárcel y me visitaron".

»Los que fueron generosos dirán: "Pero, Señor, ¿cuándo tenías hambre o sed? ¿Cuándo fuiste un extraño o necesitabas ropa? ¿Cómo podías estar enfermo o en la cárcel?"

»Dios les responderá: "Lo que hicieron por el menor de mis hijos, lo hicieron por mí".

«Entonces los que no fueron generosos dirán: "¡Vamos, un momento, Dios! Si nos hubiéramos dado cuenta de que eras tú, nosotros también te habríamos ayudado".

»Y Dios derramará lágrimas al declarar: "Es demasiado tarde. Cada vez que le dieron la espalda a uno de mis hijos, me dieron la espalda a mí"».

Querido Dios:
Ayúdame a verte en toda persona que encuentre.

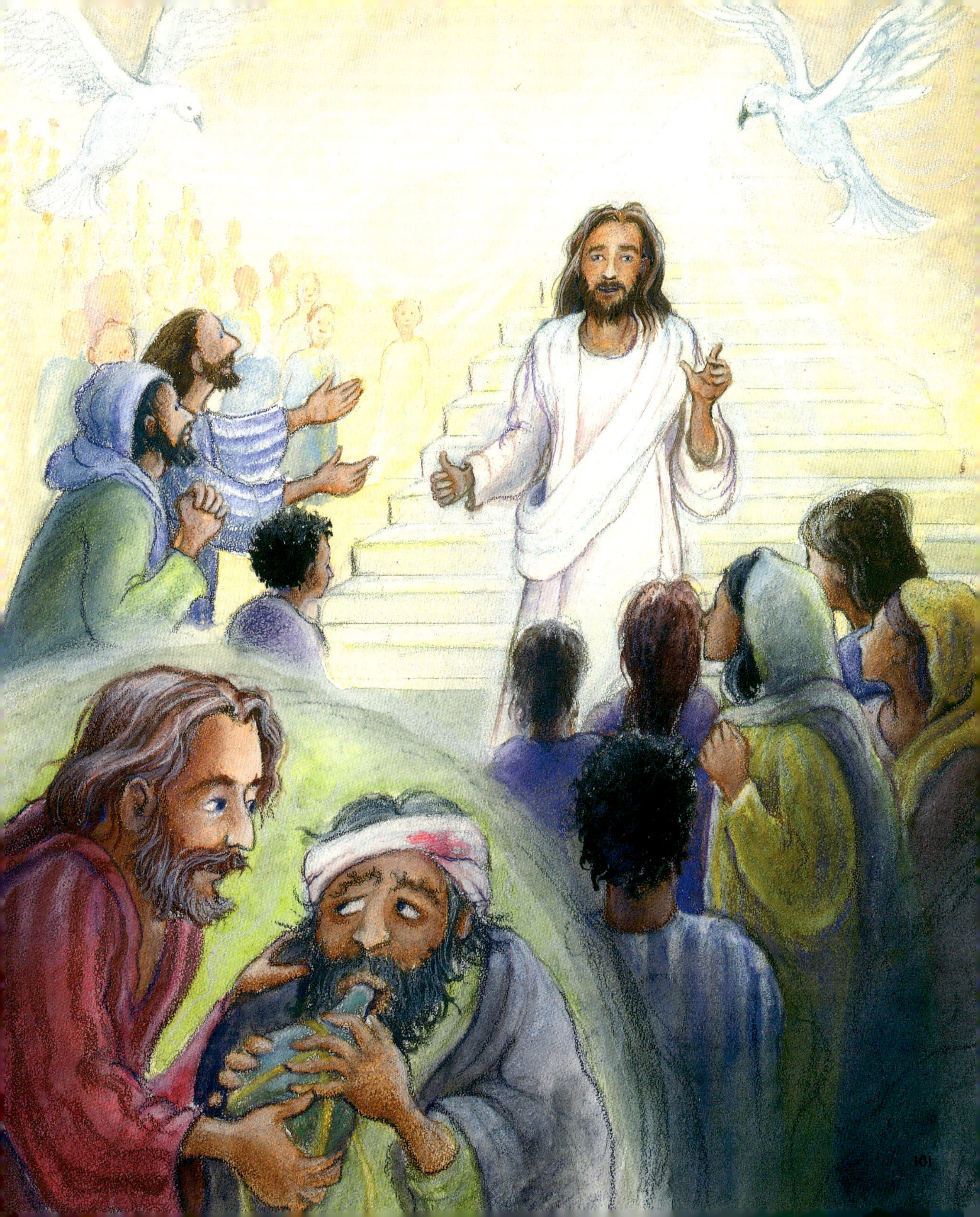

Dios muestra la maravilla de su amor

Jesús es transformado en la cumbre de una montaña

Mateo 17

Jesús les dijo a sus amigos más íntimos, Pedro, Jacobo y Juan:

—Suban conmigo a la montaña para orar.

Escalaron por horas, hasta que las piernas les dolían. Finalmente, llegaron a la cumbre. La cara de Jesús empezó a brillar con una luz tan brillante como el sol, y sus ropas parecieron resplandecer. Moisés y Elías, dos grandes líderes que habían muerto mucho tiempo atrás, se aparecieron junto a Jesús conversando con él.

Pedro y sus amigos estaban aturdidos.

—Señor —dijo Pedro—, es una bendición estar aquí. ¡Permíteme construir casas y así podremos quedarnos para siempre en este lugar maravilloso!

Sin embargo, mientras hablaba, una nube brillante descendió y los cubrió a todos. Una voz habló desde la nube.

«Este es mi Hijo que me llena de alegría. Yo lo amo. Escuchen lo que él dice».

Pedro, Jacobo y Juan se cubrieron las cabezas y se postraron en tierra por el miedo. Jesús los tocó con suavidad en el hombro. La nube había desaparecido y él estaba solo con ellos.

—No podemos quedarnos en la cumbre de la montaña —dijo Jesús—. Debemos volver al valle, donde los hijos de Dios nos necesitan.

Querido Dios:
Ayúdame a proclamar tu gloria ante los demás.

Dios quiere que seamos generosos con nuestro amor

El amor de una mujer por Jesús

Juan 12

Jesús se encontraba en la casa de unos amigos que habían preparado una cena en su honor. Estaba comiendo y disfrutando de la reunión cuando llegó una mujer. Tenía el pelo largo y negro, y llevaba un frasco de perfume costoso. Ella rompió la tapa del frasco y al instante la casa se llenó con el encantador aroma. La mujer derramó el perfume sobre los pies de Jesús y los limpió con su pelo.

Algunos de los discípulos de Jesús se enojaron.

—¡Qué desperdicio! —dijeron—. Ese perfume es muy costoso. Ella debía habérnoslo dado para que lo vendiéramos y así pudiéramos darles el dinero a los pobres.

—Habrá muchas otras ocasiones en que ustedes podrán ayudar a los pobres —dijo Jesús—. Esta mujer ha preparado mi cuerpo para cuando yo muera. Ha hecho algo muy hermoso. Está demostrándome cuánto me ama. Lo que ella ha hecho hoy será recordado por siempre.

Querido Dios:
Permíteme ser generoso con mi amor.

105

Dios es humilde
Jesús se hace siervo
Juan 13

Jesús y los discípulos se reunieron en Jerusalén. Sus pies estaban sucios luego de andar por los polvorientos caminos hablándole a la gente sobre el sueño de Dios. Los discípulos empezaron a discutir sobre cuál de ellos era el mejor.

Jesús se levantó y se colocó una toalla en la cintura. Entonces tomó una palangana de agua y empezó a lavarles los pies a sus amigos y a secarlos con la toalla.

Los amigos de Jesús se quedaron sorprendidos.

—¡Eso es tarea de un sirviente! —exclamaron.

Sin embargo, Jesús continuó lavándoles los pies en silencio. Cuando le llegó el turno a Pedro, él se resistió.

—¡Maestro, jamás me lavarás los pies!

—Entonces no puedes ser mi discípulo —dijo Jesús.

—Señor —gritó Pedro—, entonces lávame los pies, las manos, la cabeza… ¡todo!

Después que Jesús terminó de lavarles los pies, se quitó la toalla y se sentó de nuevo.

—¿Entienden lo que he hecho? —preguntó—. Ustedes me llaman Señor y Maestro, pero yo les he lavado los pies como un sirviente. Deben seguir mi ejemplo. El líder es servidor de todos. Ustedes deben servirse unos a otros. Nadie es más importante que los demás. Quiero que se amen unos a otros como yo los he amado.

Querido Dios:
Ayúdame a estar dispuesto a ser siervo de todos.

Dios nos invita a su vida de amor, gozo y paz

Jesús comparte su última cena con sus amigos

Mateo 26

Jesús quería celebrar la Pascua y comer con sus discípulos para despedirse. En ese entonces, muchos miraban a Jesús como un gran líder. Esto despertaba una gran envidia entre los sacerdotes judíos y los gobernantes romanos. Jesús sabía que querían arrestarlo y su vida corría peligro. Sabía que era tiempo de regresar con su Padre.

Sentados alrededor de la mesa, él tomó el pan. Después de agradecerle a Dios, lo partió y lo repartió entre ellos.

—Este pan es mi cuerpo —dijo.

Luego tomó la copa de vino. Una vez más, le dio gracias a Dios y la repartió entre sus amigos.

—Esta es mi sangre —dijo—. Estoy derramándola por ustedes. Siempre que coman pan y beban un vino como este, acuérdense de mí y recuerden que algún día el sueño de Dios de que todos se ayuden y se cuiden, se quieran y se rían, se hará realidad.

Querido Dios:
Gracias por hacerme parte de tu sueño.

Dios sufre por nosotros

El juicio y la muerte de Jesús

Mateo 26-27

Después de su última cena, Jesús y sus discípulos se fueron al huerto de Getsemaní. Jesús se quedó despierto, orando a solas. De repente, los soldados lo rodearon y lo detuvieron. Fue acusado de tratar de hacerse rey.

En el juicio, el gobernador romano, Poncio Pilato, le preguntó:

—¿Eres tú el rey de los judíos?

—Mi reino no es de este mundo —respondió Jesús.

—Déjenlo en libertad —dijo Pilato—. Este hombre no ha hecho nada malo.

Sin embargo, algunos estaban muy furiosos.

—Dijo que era un rey —gritaron—. ¡Crucifícale!

Para complacer a la muchedumbre, Pilato ordenó que los soldados golpearan a Jesús y después lo mataran. Ellos lo azotaron y se burlaron de él. Pretendiendo que era rey, le pusieron una corona de espinas en la cabeza y un manto rojo. Luego lo obligaron a llevar una pesada cruz de madera hasta una colina fuera de la ciudad.

Allí clavaron a Jesús a la cruz. Su madre, María, así como otras mujeres lloraban a sus pies y se quedaron con él hasta el mismo fin.

Entonces Jesús oró a Dios una última vez antes de morir.

—Padre, perdónalos, porque no entienden tu sueño.

Querido Dios:
Ayúdame a perdonar tal como Jesús perdonó.

Dios resucita a Jesús de entre los muertos

Jesús está vivo

Lucas 24 y Juan 20

Dos días después de que Jesús muriera, María y otras mujeres fueron a la tumba donde lo habían enterrado. Se sorprendieron al ver que la piedra que tapaba la entrada había sido quitada. Así que miraron adentro. ¡El cuerpo de Jesús ya no estaba allí! Dos ángeles con ropas deslumbrantes dijeron:

—¿Por qué buscan a Jesús aquí? ¡Jesús está vivo! Vayan a contárselo a los demás.

Las mujeres corrieron a decírselo a los discípulos. Al principio, nadie quería creerles.

Un poco después, los discípulos se reunieron para hablar de lo que había sucedido. De repente, Jesús se apareció entre ellos.

—La paz sea con ustedes —dijo Jesús.

Los discípulos estaban tan asustados que se sostenían unos a otros y temblaban. No obstante, Jesús los tranquilizó:

—No tengan miedo, soy yo. Miren mis manos y mis pies. Tóquenme.

Sin embargo, ni así ellos podían creer que Jesús estuviera vivo.

—Denme un pedazo de pescado —pidió Jesús.

Tomó el pescado y lo comió, y entonces sus seguidores se convencieron. Jesús en realidad estaba vivo y con ellos de nuevo. Así que se pusieron tan contentos que rieron y aplaudieron de alegría.

Querido Dios:
Ayúdame a ver que Jesús vive.

Dios difunde el evangelio

Las buenas noticias

Hechos 1

Jesús se quedó con sus amigos y les habló de las cosas que le habían sucedido. Les recordó antiguas experiencias y cómo los profetas habían prometido que Dios enviaría a su Hijo para ayudar a que el sueño de Dios se hiciera realidad. Jesús les dijo:

—Díganle a todos en todas partes que Dios los ama, y que los que creen en las buenas noticias del sueño de Dios deben bautizarse. En unos pocos días ustedes, amigos míos, serán bautizados con el Espíritu Santo.

Entonces extendió sus manos y los bendijo, diciendo:

—Yo estaré con ustedes siempre, hasta el fin del mundo.

Una nube vino del cielo y Jesús desapareció. Los discípulos se quedaron contemplando el cielo, buscándolo.

Dos hombres con ropas blancas se aparecieron.

—¿Por qué se quedan mirando al cielo? —preguntaron—. Jesús no está muy lejos. Siempre estará muy cerca de ustedes aunque no puedan verlo. Un día él volverá de la misma manera en que se fue.

Entonces los discípulos se fueron a casa entonando alabanzas a Dios.

Querido Dios:
Ayúdame a saber que Jesús está cerca.

Dios da su don

La venida del Espíritu Santo

Hechos 2

Los discípulos estaban en Jerusalén. Se sentían muy entusiasmados. Podían sentir que algo maravilloso iba a suceder.

Temprano una mañana… ¡zas! Un viento fuerte sopló por la habitación donde estaban reunidos. La casa tembló. Luces como llamas encendidas se posaron sobre la cabeza de cada uno, y sintieron el poder del Espíritu de Dios en ellos.

Sus corazones estaban llenos de amor y empezaron a hablar. No obstante, hablaban en diferentes idiomas: griego y latín, egipcio y libio… ¡incluso árabe!

En ese tiempo Jerusalén estaba repleta de visitantes de todo el mundo. Cuando la gente oyó el estruendo del viento, corrió para ver lo que había sucedido. Los visitantes se quedaron asombrados al ver que los discípulos hablaban tantas lenguas diferentes.

Pedro se dirigió a la multitud.

—Lo que estaba profetizado se ha vuelto realidad —declaró—. Dios ha hecho que Jesús sea nuestro Salvador y Amigo. Por él, el maravilloso sueño de Dios se está haciendo realidad.

—¿Qué podemos hacer para que se realice el sueño de Dios? —preguntó la gente.

Pedro dijo:

—Vuélvanse a Dios y bautícense para que sus pecados sean perdonados. Les será dada una nueva vida y recibirán el don del Espíritu Santo.

Tres mil personas fueron bautizadas ese día.

Querido Dios:
Lléname de tu Espíritu.

Dios convierte a muchos
Los discípulos esparcen las buenas noticias

Hechos 2-4

Todos los días los discípulos iban por las calles diciéndoles a todos los que encontraban que Jesús estaba vivo y había traído el amor y la paz de Dios al mundo. Invitaban a todos a dejar de hacer el mal y llegar a ser parte del sueño de Dios con Jesús.

Un lisiado fuera del templo le dijo a Pedro:

—Ten piedad de mí y dame una limosna para comer.

Pedro le contestó:

—No tengo ni plata ni oro, pero de lo que tengo te doy. En el nombre de Jesús, levántate y anda.

Luego tocó al mendigo y sus piernas se fortalecieron. Él se puso de pie y saltó de alegría, alabando a Dios.

Cada vez más personas se unieron a la nueva iglesia. Algunos vendían sus casas y sus tierras. Todos compartían cualquier cosa que tuvieran con los que no tenían nada. Estaban llenos de alegría y amaban a los demás y a Dios. Llegaron a ser una familia grande y feliz, en la que lo compartían todo, tal como había sido siempre el sueño de Dios.

Querido Dios:
Ayúdame a compartir mi amor por ti.

Dios llama a un nuevo líder
Pablo sigue a Jesús
Hechos 9

Los dirigentes del templo sentían envidia porque toda la gente estaba siguiendo a Jesús. Habían ordenado encarcelar a muchos. A otros incluso los mandaron a matar. Los creyentes tenían miedo en especial de un hombre. Se llamaba Saulo.

Un día, Saulo estaba yendo a Damasco para detener a los seguidores de Jesús. De repente, cayó al suelo, cegado por una luz brillante.

Oyó una voz que le decía: «Saulo, Saulo, ¿por qué me persigues?». ¡Era Jesús que le hablaba!

Durante tres días, Saulo estuvo ciego y no comió ni bebió nada. En el cuarto día, su corazón fue renovado. ¡Ahora creía que Jesús era el Hijo de Dios!

Saulo se bautizó y cambió su nombre a Pablo. Escribió muchas cartas para animar a las nuevas iglesias en tierras distantes.

Muchos le hicieron preguntas a Pablo, incluyendo qué era lo más importante para Dios. Él contestó:

—La fe, la esperanza y el amor, pero lo más grande de todo es el amor.

—Pero, ¿cómo es el amor? —preguntaron.

—El amor es paciente. El amor es bondadoso. El amor no tiene envidia ni se jacta. No es arrogante ni grosero. No insiste en salirse con la suya. No es irritable ni guarda rencores. No se alegra del mal, sino de la verdad, la justicia y el perdón.

Querido Dios:
Por favor, dame fe, esperanza y amor.

El sueño de Dios se cumplirá

La promesa de una nueva tierra

Apocalipsis 21

Cuando el discípulo Juan era muy viejo, Dios le dio sueños y visiones. Él vio que habría guerras, hambrunas, inundaciones y terribles desastres. Sin embargo, Dios le dijo a Juan:

—Pronto voy a hacer un nuevo cielo y una nueva tierra. Entonces limpiaré toda lágrima. Yo estaré con mi pueblo, y ellos estarán conmigo. Todos vivirán en paz y alegría.

Dios le mostró a Juan una visión de este lugar santo. Relucía con oro y piedras preciosas, y el cielo era tan brillante que no había necesidad de sol o luna para que dieran luz.

—Desde este lugar —indicó Dios— fluirá el río de la vida, y de él le daré el agua de vida a todo el que tenga sed. A cada lado del río estará el árbol de la vida, cuyas hojas son para la sanidad de las naciones. Ustedes son mis hijos. Todos ustedes son hermanos y hermanas, mi familia. Vengan y beban, hijos queridos, del agua que da vida, amor y alegría.

Querido Dios:
Ayúdame a hacer que tu sueño de una nueva tierra se haga realidad.

Ilustradores

Kristin Abbott
Estados Unidos

La creación

Laure Fournier
Francia

Samuel en el templo
Dios salva a Daniel
Un ángel le aparece a María
Jesús bendice a los niños
Zaqueo acepta a Jesús

Alik Arzoumanian
Reino Unido/Estados Unidos

El viñedo de Nabot
Los discípulos aprenden a orar
La venida del Espíritu Santo

Jago
Reino Unido

Ungen al rey David
Los tres hombres sabios
Jesús va a pescar
Las buenas noticias

Lyuba Bogan
Rusia/Estados Unidos

La voz desde la zarza que ardía
Jesús restaura la vista y da vida
El juicio y la muerte de Jesús

Cathy Ann Johnson
Estados Unidos

«Arte de la página de presentación»
Moisés es rescatado
El rey Salomón y la reina de Sabá
Jesús enseña el secreto de la felicidad
Jesús se hace siervo
La oveja perdida

Paddy Bouma
Sudáfrica

Los Diez Mandamientos
Nace Jesús

E.B. Lewis
Estados Unidos

Jesús comparte su última cena
con sus amigos

Shane Evans
Estados Unidos

Jesús el sanador
Pablo sigue a Jesús

Frank Morrison
Estados Unidos

Visitantes extraños
El amor de una mujer por Jesús

LeUyen Pham
Estados Unidos

Venden a José como esclavo
Jesús va a Jerusalén con sus padres
Jesús convierte el agua en vino

Marjorie Van Heerden
Sudáfrica

Un sueño maravilloso
Cómo participar en el plan de Dios

Jesse Reisch
Estados Unidos

El arca de Noé

Beatriz Vidal
Argentina

Adán y Eva
La experiencia de Rut
Jesús está vivo
Jesús calma la tempestad

Javaka Steptoe
Estados Unidos

Abraham confía en Dios

Stefano Vitale
Italia

La salida del huerto
Isaías se convierte en mensajero de Dios
Jesús en el desierto
La ley del amor
La promesa de una nueva tierra

Peter Sutton
Reino Unido

«Deja ir a mi pueblo»
Jesús le da de comer a la multitud
Jesús es transformado en la cumbre de una montaña

Nadine Wickenden
Reino Unido

José da de comer y perdona
David y Goliat
El padre cariñoso y el hijo que volvió a casa

Marijke Ten Cate
Holanda

Ester salva a su pueblo
Jonás y el gran pez
Jesús es bautizado
El buen vecino
Los discípulos esparcen las buenas noticias

Xiao Sin
China

Jeremías el profeta niño

125

Reconocimientos

Producir una Biblia global para niños requiere de los talentos dados por Dios de muchas personas alrededor del mundo. Muchos individuos han colaborado y trabajado de un modo tan incansable, que me temo que tal vez no logre hacerle justicia a su arduo esfuerzo.

Debo empezar con mi amigo y colega anglicano, Luke Stubbs, que concibió la idea de esta Biblia y trabajó en ella con fe y celo, literalmente hasta el día en que murió. Era su convicción que esta Biblia resultaba necesaria para proclamar el amor de Dios por todo el mundo, y es a su memoria que dedicamos este libro. Su esposa, Helen Brain, coincidía con la creencia de Luke en cuanto a esta labor de amor y ayudó en la recopilación y preparación de los relatos bíblicos que se incluirían. Acompañamos a Helen y a sus hijos en su gran pérdida.

No podemos agradecer lo suficiente a los colegas de Luke en Lux Verbi.BM por compartir la visión de este proyecto, respaldar de todo corazón a Luke, y tomar la antorcha después que él se enfermó. Stephan Spies, gerente y director, no escatimó nada con tal de preparar la mejor Biblia para niños posible y darla a conocer a las editoriales a través de todo el mundo. Gracias de todo corazón también para el resto del equipo de desarrollo del proyecto: Willie Botha (gerente de publicaciones y asesor teológico), Eben Pienaar (gerente de mercadeo y diseñador de las grabaciones de audio y DVD), Ewald van Rensburg (asesor teológico y de texto), Elzette Hansen (editor de texto), Anna-Marie Petzer (diseñadora de DTP), Stefan Dippenaar (gerente de producción), y en especial a Johan van Lill, el brillante y dedicado gerente del proyecto que trabajó a todas horas para compilar los relatos y las ilustraciones. También estoy agradecido por la incansable dedicación de los equipos nacionales e internacionales de ventas de Lux Verbi.BM, bajo la dirección de Koos Fouché y Noeline Neumann.

En los Estados Unidos de América, nuestra ilimitada gratitud a los colaboradores de Lux Verbi.BM en Zondervan, que trabajaron estrechamente con ellos a cada paso del proyecto. Gracias en especial a Annette Bourland (vicepresidenta y editora en jefe) por concebir la visión de que este libro representaría un don para el mundo, a Barbara Herndon (editora de adquisiciones) y Kris Nelson (directora en jefe de arte) por entretejer el texto y el arte de un modo tan hermoso, y a Alicia Mey (vicepresidenta de mercadeo), Helen Schmitt (directora en jefe de mercadeo) y su equipo de mercadeo por darle al mensaje de este libro una plataforma desde la que habla a los niños de todas partes.

Mi sincero aprecio a CLF (Fondo de Literatura Cristiana, por sus siglas en inglés) de África del Sur por su respaldo financiero y editorial, el cual hizo posibles las ediciones en lenguas vernáculas de África: Willem Botha (presidente de CLF), Christelle Vorster (gerente), Amanda Carstens (jefa de publicaciones) y el Dr. Gideon van der Watt (editor y líder del proyecto: textos en lenguas vernáculas). CLF es una de las organizaciones más activas a fin de respaldar la producción de materiales bíblicos en lenguas vernáculas africanas.

En mi oficina, quiero agradecerle a Lavinia Browne, que también aportó sus destrezas literarias, así como a Vivian Ford y Tamu Matose por la continua asistencia que me brindaron en este proyecto.

Lynn Franklin, mi agente y querido pariente, trabajó con dedicación sin paralelo en todo detalle de la Biblia con el objetivo de asegurar su calidad y que todos los niños del mundo se reflejen en sus páginas.

Doug Abrams, mi creativo y diestro amigo y editor, trabajó muy de cerca conmigo para asegurarse de que los relatos sean fieles a las Escrituras y a mi comprensión del amor de Dios. A Doug lo ayudó grandemente el reverendo Steven DeFields Gambrel. Cada uno está dotado de la sensibilidad al lenguaje de un escritor y el conocimiento en cuanto al corazón de un niño y de un padre. Esta Biblia no habría sido el trabajo que es sin su ayuda y dirección.

También quiero agradecerles a los increíblemente talentosos artistas de todo el mundo que le dieron vida a esto relatos mediante su visión creativa y sus extraordinarios talentos.

Debo darle gracias además a mi esposa, Leah, cuyo amor y firme respaldo han sido el mayor don que Dios me ha dado.

Finalmente, quiero agradecerles a los maestros y teólogos que me enseñaron su comprensión del amor de Dios, así como a todos mis feligreses, en especial a los niños a los que he tenido el gozo de conocer y ver crecer, incluyendo a mis propios hijos y nietos. Por sus ojos he visto los relatos de la Biblia de nuevo y en su futuro veo cumplido el sueño de Dios.

—Desmond Tutu

*Nos agradaría recibir noticias suyas.
Por favor, envíe sus comentarios sobre este libro
a la dirección que aparece a continuación.
Muchas gracias.*

Editorial Vida.com

Vida@zondervan.com

www.editorialvida.com